LES CARNETS DU MOUTON NOIR

Tome 1 - L'hiver en été

D1323037

Grande ✦ Nature

LES CARNETS DU MOUTON NOIR

Tome 1 - L'hiver en été

MARIE-DANIELLE CROTEAU

ÉDITIONS
MICHEL
QUINTIN

Données de catalogage avant publication (Canada)
Croteau, Marie-Danielle
  Les carnets du Mouton Noir
  (Grande nature)
  Pour les jeunes de 12 ans et plus.
  Sommaire : t.1. L'hiver en été - t. 2. L'été en hiver.
  ISBN 2-89435-131-3 (t.1)
  ISBN 2-89435-132-1 (t.2)

    1. Vie à bord d'un bateau. - Ouvrages pour la jeunesse. 2.
Voyages autour du monde - Ouvrages pour la jeunesse. I. Titre.
II. Collection.
G540.C89   1999   j910.4'1   C99-941640-5

Direction littéraire : Michèle Gaudreau
Illustration : Sylvain Tremblay
Infographie : Tecni-Chrome

La publication de cet ouvrage a été réalisée grâce au
soutien financier de la SODEC et du Conseil des Arts du
Canada.
De plus, les Éditions Michel Quintin bénéficient de
l'aide financière du gouvernement du Canada par
l'entremise du Programme d'aide au développement de
l'industrie de l'édition (PADIÉ) pour leurs activités
d'édition.

Ces carnets ont d'abord fait l'objet de chroniques diffusées
dans le cadre de l'émission CBUF-BONJOUR à la Première
Chaîne de Radio-Canada - Vancouver (réalisation de Denis
Bouvier) © Société Radio-Canada, radio française

ISBN 2-89435-131-3
Dépôt légal - Bibliothèque nationale du Québec, 1999
© Copyright 1999
Éditions Michel Quintin
C.P. 340, Waterloo (Québec) Canada J0E 2N0
Tél. : (450) 539-3774   Téléc. : (450) 539-4905
Courriel : mquintin@mquintin.com
1 2 3 4 5 6 7 8 9 0 A G M V 3 2 1 0 9   Imprimé au Canada

Pour Lulu, Robert et Philippe,
qui se sont rendus indispensables
pendant la rédaction de ces Carnets
dans le petit village d'Ojochal,
au Costa Rica.

Note de l'auteure

L'histoire du *Mouton Noir*, c'est une histoire d'amour. Entre un homme, une femme, deux enfants, deux chats, un grand bateau noir et la mer. Aux amis qui ont participé à cette aventure dès le début et à ceux qui s'y sont joints au cours de nos voyages, se sont ajoutés en juillet 1997 les auditeurs de l'émission *CBUF-Bonjour* à la radio française de Radio-Canada à Vancouver. Denis Bouvier, le réalisateur de cette émission, Julie Carpentier, l'animatrice, et moi-même, avions eu l'idée d'une chronique en route et en direct. Tous les vendredis matin au téléphone, je partagerais la vie du bord

avec l'auditoire. Je parlerais de nos
rencontres, de nos découvertes, de nos pré-
occupations, de nos émotions. Chronique
intime, donc, chronique de voyage et
d'ouverture sur le monde, programmée
pour atteindre, en plus du public régulier,
les jeunes que nous savions à l'écoute pour
Le Grand Défi, un concours de connaissances destiné aux écoles francophones de la
Colombie-Britannique. Auteure de livres
jeunesse, entre autres, je tenais à joindre
ceux pour qui j'écris, ceux que j'encourage
à réaliser leurs rêves, quels qu'ils soient,
parce que c'est la plus grande satisfaction
que l'on puisse tirer de l'existence.

Un an plus tard, Denis Bouvier me
demandait de transposer l'émission en
« carnets » écrits. La chronique plaisait non
seulement aux jeunes mais également aux
adultes, et il souhaitait resserrer les liens
qui unissaient Radio-Canada à la
communauté. D'emblée, cette idée m'a
intéressée. Souvent, à l'occasion des salons
du livre, de séances de signature ou de
tournées d'écoles, on m'avait demandé
quand j'allais publier un livre sur « la vraie
vie ». Je n'en avais eu ni le temps, ni

vraiment l'envie, occupée que j'étais à écrire romans, contes et articles.

Rédiger les Carnets du *Mouton Noir* ? Pourquoi pas... Seulement, je ne voulais pas d'une simple transcription de mes chroniques. D'une part, je n'avais ni notes, ni enregistrements. D'autre part, on n'aborde pas un livre comme on aborde une émission de radio. Les deux médiums sont à mon avis trop différents. J'ai donc choisi d'intégrer les sujets traités au cours des émissions à un récit ordonné, ponctué de tous les écarts que se permet la mémoire. Ainsi est né, avec la complicité de Michèle Gaudreau des Éditions Michel Quintin, le présent ouvrage. Je remercie Denis Bouvier, Julie Carpentier, Michèle Gaudreau, les Éditions Michel Quintin et Radio-Canada d'avoir appuyé sa création. Je remercie également, et tout particulièrement, Suzanne Nepveu, de Vancouver, qui a souvent fait le pont entre nous tous, et qui veille depuis plusieurs années sur l'équipage du *Mouton Noir*.

Chapitre 1

Une vie, comme un roman

À quinze ans, je rêvais d'écrire et de voyager. La campagne où je vivais avec mes huit frères et soeurs me paraissait insupportablement exiguë. Je voulais voir le monde. Les montagnes posées au bout de notre ferme dressaient en l'air leurs sommets obscurcis d'ombre et me faisaient l'effet d'une barrière aux piquets pointus, infranchissables. Je me croyais prisonnière. Les vastes étendues qui m'entouraient, vertes en été, blanches en hiver, je les parcourais sans les voir. Je descendais à la rivière, un carnet sous le bras, et là, je m'imaginais être ailleurs. Je parlais de la mer sans savoir que je venais de la traverser, sans me rendre compte que les courses à travers champs me préparaient à l'immensité de l'océan. Plus tard, beaucoup plus tard, j'ai compris la chance qui m'avait été donnée de grandir sous le couvert des ormes, dans le doux roulis du blé mûr.

À vingt ans, j'ai bouclé mon sac à dos et je suis partie pour la France. J'ai tourné quelques mois autour du pot, puis j'ai atterri en Bretagne où je me suis embarquée sur un petit sloop en bois de l'école des Glénans. Pas de moteur, pas de cabestans: nous atteignions les ports à la seule force des voiles maniées à bout de bras. Un soir, nous avons remonté une rivière au soleil couchant. Comme le vent venait de face — on dit vent debout — il fallait louvoyer. En d'autres mots, nous devions zigzaguer d'un côté à l'autre de la rivière, parce que les voiles ne se gonflent qu'à la condition de recevoir le vent à au moins trente-cinq degrés d'angle. Autrement, pas moyen de faire avancer un bateau. Ce soir-là, donc, nous avons gagné Auray, la vieille ville fortifiée, pointant tantôt vers l'est, tantôt vers l'ouest, et recevant chaque fois les mêmes éclaboussures de rose et de rouge tant le soleil saignait. Ce fut un instant inoubliable. Un jour, me suis-je juré, je reviendrais à Auray.

Et j'y suis retournée. Plus de quinze ans plus tard et après bien des détours, mais j'y suis retournée. Cette fois, je n'étais pas seule. J'avais un complice, Robert, communément appelé mari, un vrai compagnon d'aventure qui avait lui aussi longuement roulé sa bosse. Ensemble, nous avions construit un bateau d'acier et navigué de Montréal à New York, aux Bermudes, aux Antilles, aux Bahamas et retour à Montréal. Nous avions vécu cinq ans en Afrique et donné naissance à deux beaux enfants blonds qui avaient maintenant trois et quatre ans. Et nous avions conçu le projet d'un autre bateau, plus grand et plus léger, qui serait construit au chantier Garcia, en Normandie.

La coque achevée, nous l'avons fait déménager à Étel, en Bretagne, où le chantier Rameau se chargerait des aménagements intérieurs et nous, de tout le reste: peinture, électricité, électronique, plomberie, gréement, etc. Tandis que je finissais mon premier roman, commencé au Zaïre — Gabrielle et Arnaud fréquentaient

la maternelle —, le *Mouton Noir* prenait
forme tout près d'Auray, tout près de mes
rêves et de mes souvenirs. J'allais mettre la
main à la pâte aussi souvent que possible,
écartelée parfois entre mes fonctions de
mère, d'écrivain, d'épouse et de marin,
mais toujours heureuse de retrouver
l'odeur du bois et la compagnie des
artisans. À la fin de la journée, Robert et
moi passions de longs moments assis côte à
côte sur un madrier, à regarder les enfants
jouer et notre projet grandir. La fatigue se
muait en espoir. Bientôt, très bientôt nous
serions de nouveau sur l'eau.

Durant cette année en Bretagne, nous
habitions le grenier d'une superbe maison
bâtie au milieu d'un grand parc. Rien n'y
manquait. Les meubles, la vaisselle, les
livres et, au rez-de-chaussée, des
compagnons pour Gabrielle et Arnaud. Ce
logement n'avait jamais été loué. La propriétaire, un personnage de légende, se le
réservait pour ses vieux jours. Mais
Annick LeGöff était bien trop occupée
avec sa flotte de pêche, bien trop active,
bien trop heureuse dans son immense
maison de pierre au coeur du village, pour
se retirer dans ce havre de tranquillité.

Chez elle, c'était un tourbillon permanent. Ses enfants, ses petits-enfants et ses amis débarquaient à n'importe quel moment de la journée. La porte était toujours ouverte. À dix heures, Annick débouchait une bouteille de muscadet. Il y avait inévitablement quelqu'un avec qui la partager, la plupart du temps un pêcheur qui lui apportait quelques kilos de poisson frais, des pousse-pieds, crustacés rares et très laids mais délicieux, ou certain pâté étrange que nous n'avions encore jamais goûté.

La maison de Dédé, le propriétaire du chantier Rameau, était située à cinq cents mètres tout au plus de notre logement. C'est lui qui avait concocté le coup du grenier sous prétexte que nous aurions trop froid, l'hiver, en camping. Nous possédions alors, en France, une vieille Renault et une petite caravane. Installée sur une ferme normande pendant la construction de la coque, cette caravane se trouvait maintenant sur la plage, à la sortie d'Étel.

Dédé était un amoureux inconditionnel du Québec qu'il connaissait, celui de Leclerc et de Vigneault. Sa femme,

Marie-Claude, se passionnait pour les livres. Que de vendredis soir nous avons passés ensemble, à resserrer les liens France-Québec! Parfois, Dédé toquait à notre porte, une bouteille d'excellent vin sous le bras et sa timidité rentrée dans un sourire ravissant. Il venait parler bateau. Parfois, c'est toute la maisonnée qui se déplaçait, la nôtre vers la sienne ou vice versa, et nos cuisines respectives s'emplissaient de l'odeur de nos pays.

Au printemps de 1991, le *Mouton Noir* a pris la route. En suivant la rivière d'Étel pour atteindre la mer, toute proche, nous avons vu Dédé, seul sur la berge, et notre coeur s'est gonflé, assailli par ces émotions contradictoires qui accompagnent les grands départs: excitation, tristesse, hâte, regret... Tassés à l'avant du bateau qui avançait seul, sous pilote automatique, nous avons contemplé une dernière fois ce village que nous avions tant aimé, à la fois pour lui-même et pour les amis qu'il nous avait donnés. Puis l'Atlantique nous a pris, poussant devant l'étrave du *Mouton Noir* les dauphins promis aux enfants. Une autre page de notre aventure s'ouvrait, sans que celle-ci se referme tout à fait.

C'est ainsi avec les grands livres. Une fois ouverts, le vent les feuillette à sa guise.

* * *

À Lisbonne, nous avons hésité. Prendre à gauche, vers la Méditerrannée, ou prendre à droite, vers l'Amérique ? Nos parents avaient rarement vu leurs petits-enfants et se faisaient vieillissants : nous avons pris à droite.

Madère a dansé longtemps dans nos têtes, avec ses *levadas* bordées de fleurs inimaginables. Un jour, nous suivions à pied ces antiques canaux de pierre lorsqu'est apparue, dans la forêt avoisinante, une vieille femme à fichu et robe noirs, penchée au-dessus d'un feu qu'elle alimentait avec des branches de pin. Nous nous sommes approchés. Elle nous a fait asseoir et nous a expliqué que c'était la fête des marrons. La tradition voulait que celui ou celle qui les faisait cuire en offre aux passants. Elle a repoussé les cendres, a cueilli les petites noix brûlantes et nous les a distribuées, élargissant devant notre mine ébahie son magnifique sourire édenté.

Le goût des marrons chauds, l'odeur du feu, la silhouette de cette femme d'une autre époque : tout cela ne s'est guère estompé au fil des ans et des voyages. Certains moments comme celui-ci, en apparence anodins, s'installent dans la mémoire pour y rester, repoussant au loin d'autres choses bien plus importantes aux yeux de la société. Pour notre équipage, rien n'est plus important que les instants de plénitude volés à la folie du monde, à la course effrénée qui nous entraîne tous en aveugles vers on ne sait quoi.

On oublie parfois qu'on a le choix et, de fait, vient un temps où on ne l'a plus. Emportés dans le tourbillon, les humains créent leurs propres contraintes, trébuchent sur les obstacles qu'ils ont dressés eux-mêmes, et se retrouvent un jour cultivateurs de regrets.

Nous en avons rencontré par dizaines, de ces fermiers découragés. Ils nous envient, nous trouvent chanceux. S'ils pouvaient, s'ils avaient pu, s'ils avaient su. Si. Notre seule chance à nous, c'est d'avoir cru à notre rêve et d'avoir trouvé quelqu'un avec qui le partager. Mais ça, ce n'est déjà plus de la chance. Car s'engager dans la vie avec quelqu'un qui ne partage pas ses rêves, c'est préparer, sans le reconnaître, le terrain du regret.

Traverser l'Atlantique ne nous effrayait pas. Nous étions bien préparés. Il faisait nuit quand nous avons quitté les Canaries. À leur réveil, Gabrielle et Arnaud s'étaient réhabitués au roulis. Aussitôt, ils ont parcouru le pont pour recueillir les poissons volants qui y avaient atterri pendant leur sommeil. Aucune question de leur part sur la terre que nous ne reverrions pas avant trois semaines, aucune inquiétude puisque nous, les parents, n'en avions pas non plus. Chaque jour, la route parcourue était tracée sur une grande carte épinglée à une cloison. Les enfants choisissaient la couleur quotidienne et cet étrange serpent zébré s'allongeait petit à petit vers la Barbade.

Trois jours avant l'arrivée, nous avons croisé un bateau et la conscience du temps s'est installée parmi nous. Jusque-là nous avions vécu sans attente, préoccupés seulement par la météo, la force du vent, le poisson au bout de la ligne, le repas à préparer. Pour notre tribu en transhumance, rien ne comptait, hormis la survie.

Et soudain la terre était là, invisible et pourtant tellement présente. Nous avons commencé à imaginer l'arrivée dans les îles, l'odeur des fleurs, le goût de la crème glacée, la joie de marcher et d'aller au marché. La hâte de découvrir un pays nouveau s'est emparée de nous et nous nous sommes mis à compter. Les jours, les heures, les minutes, et enfin la Barbade est apparue, émeraude posée sur son socle turquoise.

Les Antilles d'île en île, les Bahamas, New York : ce périple a duré plus d'un an. En août 92, nous sommes rentrés au Québec. Pendant deux ans, nous y avons vécu avec l'intensité du voyage, mais goûtant chaque jour le bonheur et le confort d'être chez soi. Puis est venu le moment de reprendre la route, non parce que cette décision nous était imposée mais parce qu'elle s'imposait elle-même. Nos racines manquaient d'eau. Après l'Atlantique, nous mourions d'envie de traverser le Pacifique. Nous avons donc saisi une occasion d'emploi à Vancouver et pendant trois ans, y avons creusé un autre nid, partageant notre temps entre les montagnes et les eaux de la Colombie-

Britannique, naviguant, explorant et nous recréant une famille au milieu d'amis très chers.

En avril 97, nous avons de nouveau largué les amarres avec, cette fois, la volonté affirmée de boucler notre tour du monde. Devant Vancouver la très belle, le *Mouton Noir* a fait quelques bonds joyeux pour saluer ces amis et leur dire que partout où nous irions ils seraient avec nous. Que notre vie, nous voulions la vivre comme un roman, et que les personnages des romans, ils sont là pour rester.

Chapitre 2

En route vers l'Alaska

Mai 97 : voilà un mois que nous naviguons. Certains jours, la mer s'étire à l'infini, infiniment calme, presque muette. En ce moment, elle tempête. Ce vent qui lui rabat sur le visage sa chevelure verte : ça l'énerve.

À bord, l'équipage subit cette saute d'humeur sans trop d'inquiétude. Ça passera, va ! En attendant, nous mettre à l'abri. Le *Mouton Noir* s'engage entre les îles Walker dans un passage extrêmement étroit et sineux, bordé de falaises abruptes se jetant sans ménagement dans l'eau bouillonnante. Au bout de ce corridor se trouve un mouillage où nous serons protégés du vent et des vagues. Le tout est de l'atteindre sans écorcher les flancs de notre *Mouton*. Je ne regarde ni à gauche, ni à droite. Je fixe l'étrave, d'où Robert m'indique par des gestes de la main la route à suivre.

Gabrielle et Arnaud, d'habitude si volubiles à l'approche d'un ancrage inconnu, restent en retrait, silencieux. Personne ne leur a demandé de se taire. D'instinct, ils savent ce qu'il faut faire et ne pas faire dans les situations critiques. Ils le savent depuis longtemps. Jamais je n'oublierai le jour où Ford, notre ami et voisin de quai, s'est coupé un doigt en travaillant à sa chaîne d'ancre. Les enfants avaient alors sept et huit ans. Nous étions arrivés à Vancouver quelques semaines plus tôt; leur vocabulaire anglais se limitait à une dizaine de mots.

Je m'empresse de porter secours à Ford et je dis aux enfants d'aller chercher Walter, dont le bateau se trouve à quelques quais du nôtre. L'Américain arrive bientôt en courant. Comment ont-ils fait? Walter me le racontera plus tard.

— En les voyant, j'ai compris qu'il se passait quelque chose de grave. Ils se tenaient par la main et me fixaient avec de grands yeux sérieux. Ils ont dit: « *Walter! Big big big help! Quick!* »

Comme tous les frères et soeurs du monde entier, Gabrielle et Arnaud se chamaillent quotidiennement. Mais dans les situations d'urgence, ils démontrent une remarquable solidarité. En ce moment, ils observent le spectaculaire paysage qui nous accueille. Le goulot s'élargit et nous débouchons dans un espace magique. Une enclave dans la forêt, une niche à l'abri du mauvais temps.

Tout autour, des pins déchiquetés qui retiennent entre leurs griffes des lambeaux de brouillard. Au-dessus de nos têtes, un petit coin de ciel nuageux traversé de temps à autre par de grands corbeaux noirs, suivis parfois d'un aigle à tête blanche. Notre nouvel univers ressemble à une légende indienne. Il rappelle tout à fait l'atmosphère des îles Haïda Gwaï (les anciennes îles de la Reine-Charlotte, à quelques centaines de kilomètres vers l'ouest), où nous avons déjà séjourné.

Le *Mouton Noir* solidement ancré, notre petite troupe part en canot pneumatique explorer les environs. Descendre à terre

après plusieurs jours de mer est un
événement vivement attendu... et mérité.
Car vivre à quatre dans un espace limité
— que dis-je! à six, n'oublions pas nos
deux gros chats! — n'est pas toujours une
entreprise facile, surtout quand il pleut des
jours et des jours d'affilée. Vient un
moment où un bateau, peu importe sa
taille, devient trop petit.

La rive, comme ce sera souvent le cas au
cours de ce voyage en Alaska, s'avère
difficile d'accès. Nous finissons pourtant
par trouver une petite plage où échouer
notre dinghy, et nous allons nous balader
en forêt. L'odeur de la terre et des feuilles
mouillées, le chant des oiseaux, la beauté
des fleurs minuscules, l'absence de vent,
pouvoir courir: tout nous séduit et pour
peu, nous croirions que la vie est meilleure
à terre. Mais lorsque, épuisés par la
marche, nous regagnons le bord, notre
passion pour l'étrange maison qui est la
nôtre se réveille instantanément.

Dans notre coquille d'escargot, chaque
membre de la famille possède un espace
personnel. Les enfants ont leur cabine
propre, avec table de travail, placard à
vêtements, coffre à trésors, bibliothèque et

babillard. La table de navigation, qui ressemble à un cockpit de 747, est le domaine de Robert tandis que mon bureau fait pendant à notre cabine, à l'avant du bateau. Les aménagements intérieurs comprennent en outre une salle de bains, un atelier, une cuisine, et le carré, cet endroit qui sert à la fois de salon et de salle à manger.

Sous chaque banc, sous les couchettes, sous les planchers, sont entassées des provisions. Les denrées comme la farine, le sucre, le café, la levure et autres produits de base sont conservés dans des bidons étanches qui les protègent de l'humidité et des insectes. Nous en stockons en permanence de grandes quantités, ce qui nous permet d'être autonomes plusieurs semaines d'affilée. La pharmacie du bord est elle aussi considérable. Nous la revoyons avec un spécialiste avant chaque traversée importante. En cas de problème grave au large ou dans un territoire isolé, nous avons la possibilité de communiquer par radio avec des amis médecins pour établir un diagnostic. La prévention, toutefois, demeure notre premier remède.

Nous avons à bord des ordinateurs, une télé, un lecteur de vidéocassettes, un autre de CD, enfin bref, ce qui se retrouve dans une maison normale. Seulement, tout est de format réduit, et encastré, tout est fait pour subir la gîte et le roulis. Et puis chez nous, on ne regarde pas la télé et personne ne s'en plaint. Bien sûr, il nous arrive de faire jouer un film puisque nous aimons le cinéma, comme nous aimons la littérature, la peinture, la musique. Dans ces moments de grande intimité familiale, le souvenir me revient de l'époque où nous lisions aux petits une histoire avant d'aller dormir. Alors, installés tous les quatre dans le grand lit des parents, nous oublions que dehors, il pleut encore...

Chapitre 3

Le requin de Squirrel Cove

La bonne odeur du pain qui cuit. La pluie qui goutte sur les écoutilles. Un fond de piano solitaire qui transforme l'averse en symphonie. Le temps, aux îles Walker, s'écoule doucement. Les heures s'étirent comme les fils d'une araignée. Nous emprisonnent dans leur toile légère. Se poser quelques jours permet de retourner en soi, d'ordonner les événements presque trop nombreux de la vie en mouvement.

Dans le décantage de nos souvenirs récents, une image fait soudain surface. Le requin de Squirrel Cove. La grande région de Desolation Sound, réputée sur la côte ouest pour la beauté de ses

paysages et la chaleur étonnante de ses
eaux, était quasi déserte lorsque nous
l'avons traversée. Les navigateurs sont
tous les mêmes. Ils recherchent les
mouillages inoccupés, sauvages, et les
trouvent de moins en moins. Alors quand
par bonheur ils les découvrent, ils s'y
attardent. C'est ce que nous avons fait à
Squirrel Cove, redonnant temporairement
à notre vie un rythme régulier : école de
huit à treize heures pour Gabrielle et
Arnaud ; ensuite, liberté pour les enfants
et boulot pour les parents.

Un après-midi, Arnaud attrape un
aiguillat, petit requin dont la taille ne
dépasse pas un mètre et qui se retrouve en
abondance ici à cette période de l'année.
Arnaud le dépose dans le dinghy, en
attendant de pouvoir le découper pour
appâter notre cage à crabes. Tout à coup, il
remarque que le ventre du requin se
contracte. Il alerte la famille. Nous voilà
tous dans la jupe[1]. Le requin est secoué
par un autre spasme, suivi d'un moment
de calme. Quelques secondes plus tard,

---

[1] Plate-forme, à l'arrière du bateau, servant de tremplin pour la
natation.

nouvelle secousse. Cette fois, le ventre blanc se tend à l'extrême et l'aiguillat expulse un bébé, long d'une dizaine de centimètres. Nous venons d'assister à un accouchement! Pourtant, les requins ne sont pas des mammifères!

Époustouflés, nous nous précipitons vers la bibliothèque mais Arnaud, resté au chevet de sa patiente, nous rappelle aussitôt. Ce sont des jumeaux! En petit garçon curieux qu'il est, il masse le ventre du poisson et bientôt, un troisième et dernier requin naît sous nos yeux. Pris de pitié pour la mère, nous la remettons à l'eau avec ses petits qui hésitent, puis se mettent à nager et disparaissent dans l'eau sombre de la baie. C'est ainsi que nous avons appris que les aiguillats et certains autres requins sont ovovivipares: leurs oeufs se développent à l'intérieur de leur corps plutôt qu'à l'extérieur, comme chez la plupart des poissons. Belle leçon de biologie donnée par la nature elle-même, et qui restera à jamais gravée dans notre mémoire.

Le pain a fini de cuire, les enfants achèvent leur partie d'échecs. Gabrielle s'enferme dans sa cabine avec son chat

Boule-de-Gomme, alias Bouboule, Boule,
Tounouche ou Toune, selon les jours.
Arnaud enfile son ciré et sort. Il a rendez-
vous. Un autre voilier, fuyant lui aussi la
tempête, est arrivé la veille dans le
mouillage. Seuls habitants de cette planète
mer, nous avons fait connaissance aussitôt.
Garth, l'avocat décrocheur, a proposé à
Arnaud de l'emmener à la pêche.
Proposition acceptée à l'unanimité, sans
aucune hésitation et même sans consulta-
tion. Notre fils vit sa vie de pêcheur en
toute liberté.

L'ennui en bateau, est un mal bien
passager et très peu fréquent. Les enfants
surchargés de jouets, avons-nous
découvert au fil des ans, se morfondent
plus que ceux qui doivent s'inventer des
jeux. L'abondance semble tuer l'imagination. Le dépouillement la stimule. Dans sa
cabine, Gabrielle fabrique des vêtements
pour Bouboule. Dans sa chaloupe, Arnaud
vit avec Garth un moment d'amitié bien
masculine. Je les vois qui s'éloignent
lentement, leurs cirés jaunes luisants de
bruine. Je les sais qui parlent d'agrès et de
tactiques. Je connais leur bonheur. Arnaud
pratique en ce moment la pêche, l'anglais

et la patience. Il apprend à vivre dans la nature et en société. De temps en temps il est déçu, par la pêche et par les hommes. Les gens ne tiennent pas toujours leurs promesses, même celles faites à des enfants, qu'on ne devrait jamais décevoir. Mais bien sûr, cela aussi fait partie de l'apprentissage.

Un des aspects les plus séduisants de la vie en voyage est justement celui des relations humaines. Combien de fois nous a-t-on fait cette objection, au sujet des enfants : ils n'auront pas d'amis ! Allons donc...

En Bretagne, Gabrielle et Arnaud fréquentaient l'école du village. Ils étaient tous les deux dans la même classe avec, entre autres, Katia et Maeva, les filles d'amis navigateurs avec qui nous partagions un quai. Le matin, nous partions tous ensemble, les deux mères et les quatre enfants. Véronique et son mari, Pierre-Jean, préparaient également leur voilier, *Zolivavou*, pour la traversée de l'Atlantique. Ils étaient arrivés avant nous, ils sont repartis dans le même ordre. Ce jour-là, Gabrielle et Arnaud ont eu beaucoup de chagrin. Je les revois encore sur la plage d'Étel, agitant inlassablement la main en direction de *Zolivavou* qui s'en allait vers le large.

Leur tristesse a été de courte durée. Nous leur avons promis qu'ils retrouveraient Katia et Maeva.

— Bientôt, c'est certain, ai-je promis.

— Quand ?

— Je ne sais pas.

— Où ?

— Je ne sais pas, mais je sais que nous les reverrons.

Le *Mouton Noir* a longé la côte atlantique de l'Espagne, celle du Portugal, puis a fait le saut à Porto Santos, dans l'archipel de Madère. Trois jours de mer à partir de Lisbonne, une traversée difficile, puis voilà le mouillage en vue. Et au centre du mouillage, la grande coque élégante de *Zolivavou*. Porto Santos se rappelle encore, j'en suis certaine, des cris de joie de Katia, Maeva, Gabrielle et Arnaud. Depuis ce jour, ils n'ont plus jamais ressenti la même peine en quittant des amis. Ils avaient appris que tôt ou tard on les retrouve, et que l'amitié, la vraie, n'est pas nécessairement celle qui nous garde jour après jour auprès de ceux que l'on aime.

Il arrive souvent qu'aucun enfant ne voyage sur les bateaux que nous croisons. Gabrielle et Arnaud font alors leur chemin parmi les adultes. Ils développent des liens de façon complètement autonome et chaque fois, les gens qu'ils ont choisis comme amis sont des personnes de grande qualité. Dans cet univers, pas besoin de s'inquiéter. Les enfants ne risquent rien. Le mal qui ronge les mal-aimés s'arrête où l'eau commence. Il ne sait pas nager.

Chapitre 4

La dernière campagne

Les îles Walker étaient maintenant loin derrière. Un peu moins loin se trouvait Codville Lagoon, grand mouillage un peu banal où nous avions tout de même passé une journée formidable. En consultant la carte, nous avions repéré un lac à environ un kilomètre de la rive. La piste qui y menait tranchait dans une forêt dense, sur un sol très accidenté. La terre mouillée, boueuse, collait aux semelles, quand ce n'était pas aux fesses. Dans certaines pentes, se tenir debout aurait relevé du miracle. Mais les plus belles choses ne se laissent pas gagner aisément.

Au lac, nous avons oublié instantanément nos misères.

Devant nous, un cercle presque parfait bordé d'un croissant doré. L'eau du lac était si claire que le sable en teintait la couleur, lui donnant, selon la profondeur, des reflets ocre, roux ou bruns, auxquels s'ajoutaient encore le vert de la forêt environnante et les taches d'ombre des hautes montagnes. Nos bottines alourdies de gadoue vite retirées, pour la première fois depuis des semaines nous avons marché pieds nus. Le sable, plutôt grossier, était parsemé de flocons qu'on pourrait prendre pour de l'or, et qui fondent dans la main. En Alaska, les gens l'appelaient l'or des fous.

Mais nous n'étions pas encore en Alaska. Loin de là! Après un après-midi passé à courir sur la plage, à jouer au ballon, à pêcher la truite — du poisson d'eau douce changerait le menu! — nous avons repris la route le lendemain. À quelques jours de là se trouvaient des sources d'eau chaude dont nous avions fort hâte de profiter.

Bishop Hot Springs, avons-nous découvert, est l'un des arrêts préférés des pêcheurs qui, tous les ans, migrent de Seattle et ses environs vers l'Alaska pour la saison du saumon.

Les sources ne sont plus qu'à quelques kilomètres lorsqu'un chalutier, qui était resté dans notre sillage une bonne partie de la journée, pousse les gaz à fond et nous dépasse. Son accélération soudaine paraît suspecte aux enfants. Nous savons, d'après les instructions nautiques, qu'il n'y a que deux places au quai de Bishop. En approchant, nous constatons qu'elles sont occupées toutes les deux.

Gabrielle et Arnaud s'étaient mis en tête que le *Mouton Noir* serait amarré à quai, ce qui, pour tout l'équipage, présente un gros avantage. Pas besoin d'attendre les autres pour aller à terre, pas besoin de ramer ni d'utiliser le hors-bord. Les enfants sont tellement déçus qu'ils en font pitié. Nous avons beau leur expliquer que demain, peut-être, une place se libérera, pas moyen de les consoler. Voilà plusieurs semaines que nous vivons à l'ancre, ils s'étaient fait une joie de retrouver un peu d'autonomie.

Nous allons obliquer vers le fond de la baie pour y ancrer, lorsque le capitaine d'un des deux bateaux se met à installer des pare-battages orange (bouées qui protègent les flancs des navires): il nous invite à partager sa place de quai! Notre *Mouton* s'attachera à son bateau, un ligneur d'une douzaine de mètres. L'enthousiasme revient au sein des troupes. Nous préparons les amarres et glissons doucement contre *Adagio*. De cet accouplement imprévu naît presque sur-le-champ une amitié si déterminante qu'elle nous fera prolonger notre itinéraire jusqu'à Sitka et découvrir l'une des plus belles villes du sud-est de l'Alaska. Mais j'anticipe. Nous n'en sommes encore qu'aux présentations.

Sitôt le *Mouton Noir* amarré, Bob Gau nous invite à partager le champagne que lui et Penny, sa femme, étaient en train de déguster. Nos tourtereaux sont en voyage de noces! Bob monte en Alaska pour l'été, comme il le fait depuis sa naissance. Penny l'accompagne jusqu'à Sitka. Elle rentrera ensuite à Port Angeles en avion et s'occupera de la ferme jusqu'au retour de son homme.

L'histoire de Bob et de Penny est fascinante. Leurs destins étaient liés depuis leur enfance sans qu'ils le sachent.

Ce n'est qu'à quarante ans passés, au moment de leur rencontre, qu'ils s'en sont rendu compte.

Le père de Bob était tout un numéro. Un jour, il vend le pub qu'il possède, dans l'État de Washington, et décide de se faire pêcheur. Il en a assez de la ville, des longues soirées passées dans l'atmosphère enfumée de son bar avec des malheureux qui se saoûlent pour oublier. Il achète un bateau et, au désespoir de sa belle-famille, entraîne femme et enfants dans l'aventure. Au grand étonnement de tous, il réussit fort bien sa première campagne de pêche. Et la suivante. Et encore la suivante. Il ne pêche pas au filet, trop destructeur. Seulement à la ligne, une méthode beaucoup plus difficile dont les adeptes sont particulièrement fiers.

Bientôt, Gau père fonde la coopérative de pêche de Sitka. Il devient un personnage très respecté dans la communauté. Travailleur infatigable, créatif, il troque son ligneur contre un voilier. Il est fou! pensent les uns. Il est génial! pensent les autres, ceux qui se préoccupent d'environnement. Contre toute attente, il continue de remplir son quota de saumon chaque année. En prime, il dispose d'un bateau capable de traverser un océan. Pas un voilier très fin, certainement pas un grand marcheur, mais tout de même un bateau qui avance à la voile. C'est tout ce qu'il faut.

Voilà les Gau qui se mettent à faire la navette entre l'Alaska et le Mexique, à vivre leurs étés l'hiver, et leurs hivers l'été. Et puis un jour, le père décide d'emmener sa famille dans le Pacifique Sud. Bob, qui est né à bord quatorze ans plus tôt, nous raconte cet épisode avec délectation. Hawaï, Galapagos, île de Pâques, Polynésie, Nouvelle-Zélande: son père les entraîne dans un voyage fantastique que bien peu de propriétaires de voiliers plus performants ont le courage d'entreprendre.

Le père de Penny, de son côté, est médecin à Port Angeles. Rêvant lui-même d'une aventure semblable, il regarde aller son concitoyen avec admiration et envie. Alors il commence à construire un voilier dans ses moments de loisir. Le grand bateau prend forme sous les yeux de la jeune Penny, qui partage la passion de son père et ne vit plus que pour ce grand périple dont il parle sans cesse à l'heure des repas. Le nom des Gau revient souvent, mais elle ne les connaît pas.

Le médecin n'aura jamais le bonheur d'achever son bateau. Il se tue en tombant d'un échafaudage et Penny, le coeur brisé, vit deux deuils à la fois. Celui de son père, et celui du projet avorté. Et puis voilà que, vingt-cinq ans plus tard, elle rencontre Bob et finit par vivre, par personne et souvenirs interposés, ce fameux voyage dans le Pacifique Sud.

Bob adorait ses parents, sa mère autant que son père. Il en parle avec passion. Il en parle aussi au passé. Les deux sont morts au cours de l'hiver dernier, l'un à la suite de l'autre, solidaires jusqu'au bout. Dans son bateau, il transporte leurs cendres. Il les ramène à Sitka pour une dernière saison. Et celle-là, elle ne finira pas.

Le lendemain matin, Bob nous offre un livre juste au moment de son départ. Pas le temps de voir ce que c'est, à peine le temps de dire merci, le voilà qui s'éloigne, un peu timide, avec sa Penny. Nous avons passé une seule soirée ensemble, mais c'était presque une vie. Le *Mouton Noir* est encore plein de sa présence. Ses histoires sont emprisonnées dans nos têtes, notre coffre à pêche déborde des agrès qu'il nous a donnés, et maintenant ce livre, qui prolonge les récits. En lisant la quatrième de couverture, nous constatons qu'il s'agit d'une biographie. Celle de son père.

Chapitre 5

Kazu Mazu

La source d'eau chaude de Bishop Bay, nous en profitons pendant trois longues journées. Je dis longues parce que rien ne nous distrait, rien ne nous sollicite. Quelques heures d'école le matin et nous sommes prêts... à ne rien faire. Bien sûr, il faut préparer le pain et pêcher le poisson, mais ce n'est rien, comparé aux jours en mouvement. Rien non plus, comparé aux escales d'entretien du bateau qui sont si fréquentes. Notre maison travaille de partout, constamment. Les mécanismes vraiment très nombreux qui nous permettent de vivre à peu près normalement s'usent et il faut les entretenir. Un désalinisateur pour fabriquer de l'eau douce à partir de l'eau de mer. Des pompes pour tirer cette eau des réservoirs et d'autres pour vider les fonds. Un pilote automatique. Un radar. Des radios. Des appareils de navigation par satellite. Des moteurs hors-bord et le moteur principal. Des ordinateurs pour la navigation et pour l'écriture.

On se sent quelquefois submergés par la tâche. C'est signe qu'il est temps de ralentir. Après tout, nous avons choisi ce mode de vie-là pour garder le contrôle de notre existence. Pas pour le perdre !

L'eau à 40 °C de la source procure la détente ardemment souhaitée. Nous y allons dix fois par jour et même au début de la nuit, avec des bougies. On se croirait dans une grotte. Cette eau a été canalisée dans une cavité rocheuse par des habitants de Kitimat. Ils ont construit un muret de béton sur deux faces pour l'emprisonner. Le béton, on le remarque très peu. Immédiatement au-dessus du muret, la nature reprend ses droits. On aperçoit l'eau de la baie qui vient mourir sur de grandes roches plates, en bordure de la forêt. Il peut pleuvoir à verse, il peut neiger à plein ciel, ici, rien ne nous atteint. Nous sommes réfugiés dans l'abdomen de la terre, baignés dans son liquide amniotique comme des foetus heureux.

Douce et lente période de gestation dont nous émergeons reposés, vivifiés. Deux jours de route encore dans les dédales du passage intérieur vers l'Alaska, fabuleux réseau de canaux et de fjords, et nous voici à Prince-Rupert. La ville est belle, étalée dans les montagnes et nappée de brouillard. Belle et tellement près de la nature ! En piquant dans un boisé pour nous rendre au supermarché, Gabrielle et moi rencontrons un chevreuil, un superbe animal au panache immense. Se serait-il échappé d'une légende ? On pourrait le croire. Il se passe par ici des choses tellement étranges !

À la sortie de la ville se trouve une forêt enchantée. Personne ne sait qui l'ensorcelle mais tout le monde connaît son existence. À l'orée du bois, déjà, nous avons remarqué une chaise où repose une serviette blanche, soigneusement pliée. Un peu plus loin commence un circuit marqué par des poèmes ou des textes de chansons épinglés à des arbres. Ici et là, des animaux et des petits personnages de plâtre, dont les sept nains de Blanche-Neige. Le tout dans un décor d'une troublante splendeur. Tantôt, ce sont des alignements d'arbres géants aux branches tordues. Tantôt, des bouquets de troncs effilés, couverts de mousse spongieuse. Ailleurs, le sentier croise une rivière et la suit jusqu'à sa source. Le trajet n'ennuie jamais. Serait-ce l'oeuvre d'un artiste solitaire aux multiples dons qui célèbre la fugacité de l'art ? Possible. Chose certaine, en tout cas, le parcours est modifié périodiquement, sans que les Prince-Ruperois puissent dire par qui. Étrange.

Étrange aussi, l'histoire du *Kazu Mazu*.

À courte distance du port se dresse une pagode abritant un bateau de pêche d'environ huit mètres, avec une petite cabine sur l'avant. C'est une embarcation en bois fort élégante et qui, on le croira ou non, a navigué des milliers de kilomètres sans équipage.

En mars 1987, une patrouille de Pêches et Océans découvre sur la côte ouest des Haïda Gwaï un bateau retourné et qui risque à tout moment de se fracasser sur les rochers. Elle remorque l'épave à

Prince-Rupert, où la garde côtière ouvre une enquête. Le numéro d'enregistrement gravé sur le tableau arrière de la coque montre que le bateau appartenait à Kazukio Sakamoto, un fonctionnaire japonais à la retraite. Près de deux ans plus tôt, Kazukio avait quitté la ville d'Owase, dans la préfecture de Mie, au Japon, pour une journée de pêche. Le soir, il n'est pas rentré et son corps n'a jamais été retrouvé. Le *Kazu Mazu*, « La folie de Kazu », a traversé le Pacifique sans son skipper. Il est venu finir sa vie à Prince-Rupert, qui se trouve être jumelée depuis vingt-cinq ans à Owase. Curieux destin !

Restauré par les artisans du ministère des Pêches avec l'autorisation d'Eiko, la veuve de Kazukio, le *Kazu Mazu* trône aujourd'hui au centre du Pacific Mariner's Memorial Park. Sanctuaire permanent à la mémoire de ceux qui ont laissé leur vie dans le Pacifique, il renforce encore le lien entre les deux villes jumelles. La folie de Kazu enflamme aussi l'imagination des navigateurs que nous sommes. Un tel voyage pour un si petit bateau, c'est un exploit remarquable !

Chaque instant passé à Prince-Rupert nous rend cette ville plus attachante. Les gens du Nord, comme on dit en Bretagne, ont au coeur ce qu'ils n'ont pas dehors. Il est vrai que sur le plan de la météo, Prince-Rupert n'est pas choyée. Il y pleut presque trois cents jours par année. Faut aimer. Mais justement, les Prince-Ruperois aiment leur ville. Ils sont tous plus ou moins pêcheurs, plus ou moins chasseurs, et la région abonde en poisson et gibier. Si l'on vous invite à manger, ce sera assurément du crabe, des crevettes, du saumon, du flétan ou une quelconque viande sauvage. Pas de quoi se plaindre! Il se peut même qu'on vous invite à participer à la cueillette de votre souper. Pourquoi remplir son congélateur quand on peut manger frais?

À quelques heures d'avis, Louise-Hélène, une enseignante rencontrée deux ans plus tôt au cours d'une tournée d'auteurs, décide d'organiser un souper. Voilà son mari Denis qui débarque au *Mouton Noir* avec fiston Alexandre, le petit copain d'Arnaud, et qui repart aussitôt dans notre dinghy en compagnie des deux garçons. Nos trois hommes ont reçu le mandat d'aller chercher du crabe. Et pas au marché! De mon côté, je me transporte chez Louise-Hélène avec mes moules à pains baguettes. Tout l'après-midi, nous cuisinons en papotant, heureuses de retrouver le goût et la langue du Québec. Le soir, nous partageons ce plaisir avec une douzaine de résidants tous plus chaleureux les uns que les autres. La presque totalité de la communauté francophone de Prince-Rupert est réunie ici.

Le crabe, nos pêcheurs en ont pris assez pour nous servir une bonne entrée. Ensuite, ce sera le plat principal. Des *fish'n chips* dans la plus pure tradition de la côte Ouest: cubes de flétan frais trempés dans une pâte légère et cuits à l'huile, servis avec frites et salade de chou. J'en conclus illico que la baguette, ce sera pour un autre jour...

Chaque fois que je cherche une recette et que je vois celle des *fish'n chips*, copiée par Louise-Hélène sur une petite fiche de cuisine, je repense au séjour à Prince-Rupert. Un peu plus loin, je retrouve la mousse au chocolat de Romi et me revoilà à bord d'*Aïto*, un grand catamaran tahitien rencontré à San Francisco. Je croise au passage les *nems* d'Anh : c'est le Vietnam de mon amie bretonne qui m'apparaît. Le gâteau aux carottes de Frida : Vancouver. Le *pozole* de Magdalena : La Paz, au Mexique.

Un cahier de recettes est un livre important qui s'écrit au fil des rencontres, un atlas du monde et des gens. Que l'on y consigne les lieux, les circonstances où l'on a découvert tel ou tel plat et il devient un journal de voyage. Une petite tache de beurre fondu ici, un résidu de pâte séchée là, des traces de chocolat, de sauce soja, de kahlua : nous voici en présence d'une oeuvre d'art au moins aussi intéressante que les croûtes exposées dans certaines galeries, et qu'on se croit obligé d'expliquer par des discours aussi confus que le sujet lui-même. Et puis ces oeuvres culinaires ont l'immense avantage d'être parfaitement limpides. Une quiche aux épinards est une quiche aux épinards. Rien de plus.

Chapitre 6

Ketchikan

Enfin, nous y étions. L'Alaska ! Pays d'extrêmes et de démesure. La Californie, l'Arizona, le Nevada, l'Oregon et l'État de Washington réunis. Soixante et un mille kilomètres de côte, plus que tout le reste des États-Unis. Dans le sud-est seulement, la partie que nous allons traverser, un millier d'îles. On raconte que les Américains et avant eux les Russes, premiers envahisseurs, ont vu naître des îles sous leurs yeux. L'activité volcanique y serait une des plus fréquentes au monde. Comment savoir si toutes ces statistiques sont vraies ? Si les Américains, dans leur volonté d'afficher le plus grand, le plus gros, le plus fort, n'ont pas un peu tripoté les chiffres ? Trois millions de lacs en Alaska, est-ce vraiment possible ? A-t-on compté les trous d'eau qui se forment dans les empreintes des chaussures au dégel ?

Peu importe. L'Alaska est là, à la pointe du génois, et nous trépignons d'impatience en approchant de Ketchikan. À quoi nous attendons-nous, au juste ? Nous ne le savons pas très bien. En revanche, nous savons que ce n'est pas ce que nous voyons en arrivant. Trois immenses paquebots sont amarrés à un môle[1] de construction récente. On ne voit qu'eux. Leurs carcasses de plastique blanc occultent les sommets enneigés, accaparent le centre d'une ville qui ne redeviendra elle-même que lorsque ces monstres lui auront fiché la paix.

Comme à Saint-Thomas aux îles Vierges, comme à Chicago et New York, comme dans la plupart des films *made in USA*, l'oreille est immédiatement agressée par le hurlement des sirènes. À croire que dans cette Amérique-là, on meurt toutes les cinq secondes.

---

[1] Jetée pour gros bateaux.

Le sourire en déroute, nous nous rendons au quai que le capitaine du port nous a assigné par radio. Car évidemment, il ne faut pas songer à jeter l'ancre face à cette ville. Hydravions, vedettes rapides, bateaux de pêche s'y disputent chaque centimètre carré d'eau salée. Ce serait quasi aussi suicidaire que de changer un pneu crevé sur la *High 5*, à la hauteur de Los Angeles un vendredi à dix-sept heures.

Le quai, donc. Nous nous y installons et filons en ville expédier les formalités de douane et d'immigration. À partir de maintenant, nous devrons signaler notre présence dans chaque port de moindre importance. Ainsi, Bill Clinton pourra nous joindre en tout temps. Au Mexique, ce sera légèrement plus lourd. Téléphoner ne suffira pas. Il faudra nous rendre en personne — au départ comme à l'arrivée — chez le capitaine du port (rien à voir avec le poste du même nom aux USA), à la douane et à l'immigration.

La paperasse administrave réglée, nous parcourons à pied une ville qui aurait pu être belle, regrettant à chaque pas que l'homme, cet animal supposément intelligent, ait posé son fatras devant montagnes si grandioses. Cependant, tout n'est pas perdu. Notre excursion nous amène, après une distance que les enfants jugent très longue, au Vieux Ketchikan. Là, c'est une autre paire de manches. Aucun hangar branlant, aucun supermarché à échelle démentielle et surtout, pas de circulation automobile. Nous nous dispersons sur les petits trottoirs de bois, chacun allant où bon lui semble.

Pourquoi ne fait-on plus, de nos jours, des vieilles villes? La vie y est tellement plus agréable! Nous déambulons sans hâte, faisant un crochet ici et là, dans une boutique, dans une galerie. Pas toujours facile, de résister à ses envies. Mais nous n'avons pas le choix. Le bateau nous y force, question espace, question budget. Chez le marchand de glaces, par contre, aucune échappatoire possible.

Sucrés jusqu'aux oreilles, gelés jusqu'au cerveau, nous allons sur le pont regarder la rivière. Les quais, les ponts, les gares, les aéroports : nous adorons les lieux de passage. Pour leur va-et-vient continuel mais également pour tous les secrets qu'ils cachent. Que de belles histoires d'amour se sont écrites à la limite de l'eau et de la terre, de la terre et du ciel. Que de drames, aussi. À bord, *Orly* est, avec *Les Marquises* et *Jojo*, une de nos chansons préférées. Nous écoutons Brel la nuit, en traversée, aux heures de grande solitude. Parce que dans cette musique, c'est bien sûr de cela dont il est question. La solitude.

Il y a des moments, dans notre vie de tribu si étanche, où nous n'avons qu'un coeur pour quatre. Il y a des moments, comme celui-ci, où les ponts et les rivières se multiplient par quatre. Pendant quelques instants précieux, chacun de nous suit en silence le fil de ses pensées. Quand on voyage en groupe, il faut savoir s'égarer pour pouvoir se retrouver. Robert s'isole dans l'harmonica, Gabrielle dans le dessin, Arnaud dans la pêche et moi, dans l'écriture. Alimenter le feu qui brûle en soi nous réchauffe tous les quatre.

Réconciliés avec Ketchikan, nous rentrons au bateau et préparons la suite du voyage. Lessive, entretien mécanique, et, bien sûr, l'approvisionnement. Nous refaisons les stocks en produits de base et en aliments frais. À quai, rien de plus simple. Il suffit d'avoir de grands sacs à dos et de bonnes jambes pour les rapporter lorsqu'ils sont pleins. Lorsque le bateau est ancré, les choses se compliquent de deux transbordements. Il faut entasser les paquets dans le dinghy et les débarquer sur le pont, une fois rendus au mouillage, en espérant qu'il ne pleuve pas entre les deux. Mais ce sont là des détails auxquels nous ne faisons plus attention. La routine est établie depuis longtemps. Une dernière inspection du moteur et des instruments de navigation, et nous sommes prêts à gagner les territoires peu ou pas habités de l'Alaska du Sud-Est.

Chapitre 7

Le vieux facteur

Aujourd'hui 21 juin, c'est l'été comme partout ailleurs, avec quelques degrés en moins. Une journée splendide. La lumière tranche dans des couleurs solides. Le vert sans équivoque de la forêt. Le bleu irréprochable du ciel. Le blanc immaculé des sommets enneigés. Le gris des galets sur la grève, et le noir des rochers qui émergent à marée basse dans la baie de Meyer's Chuck. En arrivant, hier, nous avons tout de suite senti que le village qui s'accroche à cette terre était particulier. Et de fait, ce matin, nous y voilà transportés à l'époque de l'Aéropostale, du temps des Mermoz, Saint-Exupéry et compagnie.

Un hydravion vient de se poser sur les eaux lisses de la baie. Le pilote remet le courrier à un homme qui l'attendait au bout du quai, s'attarde quelques minutes et redécolle. Le vieux facteur revient à pas lents. Il étudie le contenu de son précieux colis, une dizaine d'enveloppes et quelques journaux ficelés. Un homme, pas très jeune lui non plus, va à sa rencontre. A-t-il reçu une lettre? L'autre lui demande son nom, le lui fait répéter, épeler même, fouille le minuscule paquet de courrier avec une feinte concentration et lui tend finalement une enveloppe. Les deux vieux camarades rient de leur petite blague. Ils se connaissent depuis toujours. Ils sont du nombre des vingt et quelques habitants du village.

Dans un passé encore récent, la population de Meyer's Chuck a été un peu plus importante. Suffisante, en tout cas, pour qu'on y construise une école. La magnifique maison de bois qui abritait une classe et le logement du professeur est maintenant vide. Nous en faisons le tour, collant notre nez à chaque fenêtre et imaginant ce que devait être la vie dans cette école de campagne.

Les maisons abandonnées ont quelque chose de fabuleux. Nous en avons quelques-unes dans nos souvenirs de voyage. Par exemple, une grande villa blanche, seule sur une île de sable blanc.

C'était l'année de la traversée de l'Atlantique. Gabrielle avait cinq ans, Arnaud, quatre. Nous regagnions tranquillement le Québec, explorant au passage les Bahamas. Des îles désertes, il y en avait à la pelletée. Suffisait de choisir. Sur la carte, nous en avions repéré une qui présentait une anse bien protégée. Après une journée de navigation dans de l'aquarelle pastel, nous arrivons à Norman's Key. Surprise: l'entrée de l'anse est balisée. Nous suivons le chenal jusqu'à l'ancrage et là, nouvelle surprise. À terre, deux citernes et d'énormes génératrices déparent la rive.

Les fourmis qui nous fourmillent dans les jambes n'entendent pas nos soupirs d'insatisfaction. Elles nous poussent à avancer. Au-delà des dunes où a pris racine ce micro-parc industriel apparaît une route étroite. On dirait plutôt une piste. Nous marchons, marchons, jusqu'au point le plus élevé de l'île. Là se dresse une maison. Une grande maison octogonale surmontée d'un étage entièrement vitré. Par les fenêtres sans rideaux du rez-de-chaussée, nous constatons que les pièces sont vides. Les portes, elles, sont ouvertes. Pour Gabrielle et Arnaud, qui ont passé le dernier tiers de leur vie en mer, c'est une aventure sensationnelle. Ils montent et descendent dix fois l'escalier en courant, fouillent tous les recoins, posent des tas de questions auxquelles ni Robert ni moi ne savons répondre. Pour comble d'émerveillement, ils trouvent, derrière la porte du fond, un grand véhicule recouvert d'une housse.

Nos enfants ont découvert... une limousine, rien de moins, et nous, l'ampleur de la folie qui se cache derrière tout ceci. Une limousine sur une île de sable et d'herbe, longue d'à peine trois kilomètres! Le mégalomane qui a construit son empire ici, nous l'apprendrons plus tard, se ronge maintenant les sangs en prison et ses possessions pourrissent à Norman's Key. Il a gâché sa vie, il a gâché une île.

L'école de Meyer's Chuck peut espérer un avenir plus serein. Elle appartient à une petite communauté qui en prend soin, en attendant que viennent d'autres enfants. Au cours de notre balade ce matin-là, nous rencontrons la plupart des habitants du village. Ils se plaignent bien un peu de la pêche, qui n'est plus ce qu'elle était, mais somme toute, ils sont heureux. La proximité d'une grande ville ne leur manque en rien. Tant que l'avion apportera le courrier, ils auront le sentiment d'appartenir à la même planète que nous. Enfin... que les autres. Car le *Mouton Noir* leur apparaît bientôt comme une planète en soi. C'est vrai qu'à bord, nous produisons tout l'essentiel: eau, énergie, pain et communications.

Lorsque le vieux facteur apprend que nous utilisons le courrier électronique, il écarquille les yeux. Sur un bateau? Robert lui explique le parcours suivi par un message rédigé à terre et récupéré sur l'eau. Le texte est reçu par un serveur central qui le code et le répète à notre radio dans son langage. Un modem relié à la radio le décode et le transmet à son tour à notre ordinateur. Nous ne recevons pas notre courrier avec la même facilité que si nous vivions à terre et nos correspondants doivent en tenir compte. La transmission des ondes radio laisse parfois à désirer. De plus, nous partageons les quelques fréquences disponibles pour ce service avec des centaines de navigateurs. Reste que le lien existe et qu'il constitue pour moi un moyen de poursuivre mon travail tout en naviguant. Sans compter qu'il nous permet de garder le contact avec la famille et les amis.

Le vieux facteur secoue la tête un peu tristement et je crois lire le fond de sa pensée. Un jour, l'avion cessera d'apporter le courrier à Meyer's Chuck et alors, ce ne sera plus pareil, ici.

Chapitre 8

Au pays des Vikings

Début juillet, le port de Petersburg est bondé de bateaux venus de partout sur la côte ouest américaine pour la saison de la pêche en Alaska. Pourtant, on y a fait une place pour le *Mouton Noir* et c'est la fête puisque nous pouvons aller et venir à notre guise. Pour l'instant, nous en sommes encore à apprivoiser les lieux et nous circulons à quatre, aussi difficilement séparables que les trois mousquetaires.

Surpris et heureux d'entendre parler français, le capitaine d'un crevettier nous aborde et nous lions connaissance. L'homme est un ancien professeur qui, comme plusieurs autres habitants de l'Alaska rencontrés lors de ce séjour, a repris la mer après avoir navigué quelque temps à terre. Son père livrait le courrier en bateau aux villages côtiers, son fils pêche avec lui. Un de ses fils, du moins. Il a neuf enfants, dont une fille qui nous rejoint bientôt et qui s'apprête à partir pour une campagne de pêche au large. Elle est ce qu'on appelle *deck hand*, aide de pont. Un métier dur, me semble-t-il. Fatigant, me corrige-t-elle, et très payant. Mais attention ! N'est pas *deck hand* qui veut. Les postes sont comptés et fort prisés. À défaut d'avoir un parent capitaine — père, oncle, cousin —, il faut avoir de très solides contacts. C'est ce que nous découvrirons en côtoyant les marins de Petersburg, de solides gaillards qui portent les traits de leurs ancêtres norvégiens.

Occupée et même fondée, pourrait-on dire, par les Norvégiens au 19e siècle, Petersburg garde un attachement très fort à sa culture d'origine. En parcourant la rue qui conduit à l'extrémité de la ville, nous apercevons un groupe de danseurs en habits traditionnels. La place, tout près, est ornée d'une embarcation viking. Les commerces tiennent beaucoup de produits norvégiens et en mai, on célèbre le Festival de la petite Norvège.

Coincée entre la mer et de hautes montagnes aux pics enneigés, Petersburg est, avec Sitka, la plus belle ville du sud-est de l'Alaska. Elle détient en outre un avantage sur sa rivale. Les corridors qui y mènent sont si étroits que les *cruise ships*, ces énormes bateaux de croisière qui choquaient le regard à Ketchikan, n'y passent pas. Elle a donc conservé son rythme naturel de grand petit village de pêche. On s'y sent bien dès qu'on y met les pieds, on l'a à peine quittée qu'on a envie d'y retourner. Non seulement l'environnement est splendide, mais les rues elles-mêmes sont attrayantes. La rue piétonne est jalonnée de boutiques de bon goût, dont une librairie offrant une sélection de grande qualité. Ici et là, des cafés où il fait bon traîner en feuilletant journaux et revues tandis qu'à deux pas, les équipages entrent et sortent du port avec la même joie.

Pourtant, nous ne pouvons nous attarder ici plus de quelques jours. Le beau temps dure peu en Alaska. Il faut nous rendre au bout de notre trajet et en revenir avant que commencent les tempêtes d'automne, dès la fin août. Deux mille cinq cents milles nautiques en quatre mois, soit environ quatre mille six cents kilomètres, c'est beaucoup pour un voilier et c'est très exigeant pour son équipage. Resterait la solution d'hiverner là-haut comme choisissent de le faire certains navigateurs. Mais cela implique une tout autre logistique et avec deux enfants, il n'en est pas question. Et puis à ce rythme, il faudrait plus d'une vie pour compléter le tour du monde!

Nous repartons donc, le coeur non pas brisé mais légèrement fêlé, et nous regagnons les espaces inhabités de cet incroyable pays.

Quelques jours plus tard, de nouvelles aventures ont déjà relégué Petersburg au rang des beaux souvenirs de voyage. Nous avons aperçu nos deux premiers ours, nous avons croisé notre premier glacier et nous avons rencontré Charles, un extraordinaire pêcheur de crabes. Le voici d'ailleurs qui s'amène pour le petit déjeuner.

C'est la première fois que Charles embarque sur l'un des voiliers qui se

rendent chaque année jusque chez lui. Un
peu timide, il lance sur le pont du *Mouton
Noir* six énormes crabes avant d'y monter
lui-même. Du coup, les crêpes farcies que
j'ai préparées avec Gabrielle m'apparais-
sent bien modestes. Les choses, cependant,
ne se mesurent pas ainsi. La joie qui se lit
dans les yeux de notre invité à la
découverte de notre univers ne s'estime
pas. Merveilleux outil d'échange, le
bateau ! Que de fois avons-nous permis la
réalisation d'un rêve en emmenant avec
nous, pour quelques heures ou quelques
jours, des gens rencontrés par hasard.

Aussi surprenant que cela puisse
paraître, nous avons, un hiver en
Guadeloupe, fait vivre la mer à deux
Portugais travaillant sur un paquebot.
Dans leur édifice flottant, nous ont-ils
expliqué, ils ressentaient à peine les
mouvements de l'eau. Les voir s'accrocher
au bastingage tandis que notre voilier
piquait dans une mer creusée par l'alizée,
et rire, rire comme des enfants et se laisser
tremper jusqu'aux os, quel joyeux
spectacle !

Son troisième café avalé, Charles nous
quitte pour aller faire son métier. Mais

avant de s'éloigner, il nous remet un plein seau de calmars, pour appâter notre cage à crabes, et d'hameçons à flétan. Grâce à son enseignement et à sa générosité, nous aurons à l'avenir davantage de succès à la pêche. En prime, nous aurons le souvenir de sa présence calme et chaleureuse, et la certitude d'avoir rapproché plaisanciers et pêcheurs. Car, il nous l'a dit, Charles ne regardera plus jamais un voilier de la même façon.

Chapitre 9

Voyage au pays des glaces

S'il existe une limite au pouvoir des mots, c'est dans le fjord de Tracy Arms, long de quarante-cinq kilomètres, que nous l'éprouvons en ce 1er juillet. Comment décrire, sans la réduire, l'émotion que suscite la somptuosité de ce paysage ? Immobilisé momentanément par les glaces qui se sont refermées sur lui, le *Mouton Noir* est entouré d'icebergs bleus. Ils se sont détachés du glacier énorme auquel nous faisons face, bleu lui aussi, d'un bleu qui ne se compare à rien. À trois reprises au cours de la dernière heure, un bruit d'explosion a retenti et un pan de glacier a glissé dans l'eau. La vague que soulève une telle chute peut être extrêmement dangereuse.

Prudents, nous avons stoppé notre avancée à une centaine de mètres du glacier, et nous admirons en toute sécurité le travail de la nature. Travail d'artiste, à la fois sculpteur et peintre, qui a donné à chaque iceberg une forme et une teinte différentes. De son côté, le soleil règle les éclairages. Qu'il traverse telle crête en dentelle et elle tourne presque au blanc. Qu'il se cache derrière un nuage et le bleu redouble d'intensité.

Dans cet univers que l'on imaginerait figé par le froid, tout bouge. Au coeur des icebergs vivent des vers microscopiques et, sur les grandes plaques de glace qui les entourent, une colonie de phoques. Ces derniers se sont établis ici pour la période de mise bas parce que les prédateurs y sont peu nombreux. Nous croiserons tout de même, au retour, une famille d'orques remontant vers l'extrémité du fjord, et nous souhaiterons, tout en nous émerveillant de sa beauté, qu'elle n'achève pas son excursion.

Quant à la nôtre, elle se conclut de fabuleuse manière. Le *Mouton Noir* enfin libéré de sa prison de glace par les courants de marée, nous repartons en direction de la pleine mer. Et juste à l'entrée de Taku Harbor, la baie où nous passerons la nuit, un grand remous se dessine. Une baleine à bosse, longue d'une bonne quinzaine de mètres, progresse avec lenteur vers l'obscurité.

Le lendemain, nous avions planifié d'aller marcher en forêt, mais la dame qui vit dans une des deux maisons de Taku Harbor nous en dissuade. Deux ours, blessés par des chasseurs, rôdent dans les parages. L'un d'eux a attaqué la maison de son unique voisin, à l'autre extrémité de la baie. Elle nous recommande, avec un calme olympien, de ne pas nous aventurer trop loin.

Comme l'Afrique avec les serpents, l'Alaska est farcie d'histoires d'ours. On les raconte à la veillée, peut-être en les amplifiant un peu pour captiver son auditoire. Certaines paraissent invraisemblables, comme celle du couple qui, attaqué au jardin, a cherché refuge sur le toit de la maison. L'homme se faufile par derrière pour aller chercher du secours et, au retour, trouve sa femme déchiquetée sur le sol. D'autres sont plus crédibles et d'autant plus troublantes. Celles-là sont d'habitude arrivées à ceux qui les rapportent et non à de vagues inconnus. Dans la plupart des cas, il y a eu plus de peur que de mal. N'empêche. Nous ne tenterons pas le diable. Un animal qui se balade avec un membre à moitié arraché doit, c'est certain, en vouloir à l'humanité entière.

Le 3 juillet, nous arrivons à Juneau, où l'on se prépare à célébrer la fête nationale des Américains. Dès vingt et une heures, tout ce qui se fait d'embarcation dans le coin vient jeter l'ancre devant la ville. Ici, on sera aux premières loges pour le feu d'artifice qui sera lancé depuis une plate-forme flottante. Mais à cette latitude, l'obscurité tarde à venir. Il faudra attendre minuit pour qu'éclatent les premières pièces.

Au fur et à mesure que le temps passe, nous sentons monter l'impatience des spectateurs. Des fusées de détresse sont déclenchées à tout moment. Des éclats de voix se font entendre et on se doute que l'alcool y est pour quelque chose. Car dans ces territoires éloignés, l'alcoolisme est presque une maladie endémique. Nous n'avons eu que trop souvent l'occasion de nous en rendre compte.

Le lendemain, nos doutes se confirment. Il est midi et le soleil tape dur, un vrai soleil d'été comme on en connaît au sud. Sur la plage, tandis que des familles entières participent au concours de châteaux de sable, des jeunes hommes, des jeunes femmes cuvent leur vin. Ils se sont écroulés n'importe où, comme de vieux arbres morts. La foule les contourne sans même leur faire attention. On semble avoir l'habitude. Gabrielle et Arnaud sont secoués. Ils n'avaient jamais assisté à spectacle si peu réjouissant.

La nuit suivante, leur dépit grandit encore.

Profitant d'une très forte marée, nous avons amarré le *Mouton Noir* à une cale d'échouage et passé l'après-midi à nettoyer sa coque. C'est une opération qu'il faut faire deux ou trois fois l'an. Lorsque la marée se retire, le bateau se retrouve au sec et on peut y travailler à l'aise.

Il est deux heures du matin et nous attendons la marée haute pour retourner à quai, lorsqu'une femme se met à hurler. Elle crie le nom d'une enfant — on ne peut appeler que son enfant avec un tel désespoir dans la voix —, elle crie et court dans tous les sens, comme prise d'une folie soudaine. Elle ne trouve plus sa petite. Un homme la rejoint, tente de la calmer, de l'interroger. À travers ses cris et ses sanglots, nous comprenons qu'elle croit son enfant tombée à l'eau et noyée. Gabrielle et Arnaud, qui se sont réveillés, sont blancs comme neige. Heureusement, un autre homme accourt bientôt et dénoue le drame. Il a « retrouvé » l'enfant. Elle dort paisiblement dans son lit, comme d'habitude...

Juneau est peut-être aussi belle que Petersburg mais nous ne le saurons pas, à moins d'y retourner. Pour l'instant, l'image que nous en conservons est empreinte de tristesse. Les bons moments passés là-bas s'estompent devant cette nuit d'enfer. Pendant un moment, nous avons cru qu'une vie venait d'être perdue. Au bout du compte, nous avons constaté qu'il y en avait plus d'une à la dérive.

Chapitre 10

Hoonah

Il y a des endroits dont on se rappelle non pour leur beauté, non pour leur charme, mais pour la qualité des moments qu'on y a vécus. Hoonah est de ceux-là. Une rue qui s'étire en bordure de mer, de vieilles habitations branlantes d'où s'échappe, matin, midi et soir, la fumée du poêle à bois : Hoonah n'est qu'un petit village abritant la plus importante communauté autochtone du sud-est de l'Alaska. Et pourtant...

— Monsieur Davis ? Il habite la dernière maison au fond du passage, en face d'une cabane sans fenêtre. Impossible de la manquer.

Le vieil Indien que nous cherchions tarde à ouvrir. Quelques minutes de silence, puis nous entendons son pas traînant sur le parquet et enfin, la porte grince. Monsieur Davis nous dévisage avec méfiance. Qui sont ces étrangers qui troublent ma paix? semble-t-il dire. Mais il ne dit rien. Il attend de connaître le motif de notre visite.

— Monsieur Davis, est-ce que vous fumeriez le saumon que nous avons pris ces deux derniers jours?

Alors son regard d'ancien pêcheur s'illumine. En échange de son travail, il gardera la moitié de notre pêche. Son âge ne lui permettant plus de sortir, c'est ainsi, désormais, qu'il assure sa récolte.

Il se tourne et s'en va sans nous saluer. Les mots, chez lui, sont matière précieuse. Il les égrène avec parcimonie. Nous nous trompons cependant, monsieur Davis n'est pas retourné dans sa tanière. Il réapparaît au bout de quelques secondes qui nous ont paru très longues: convenait-il de partir sans avoir salué non plus, ou de toquer de nouveau pour savoir quand notre saumon serait prêt?

Sans hâte, comme une chose parfaitement normale, le vieil homme nous tend une boîte de saumon fumé tirée de sa réserve personnelle. Voilà de quoi tenir en attendant notre commande. Un petit éclair dans l'oeil de l'Indien nous donne à penser qu'il est fier de son travail. Un petit éclair, et le fait de nous offrir ce présent. Rien de plus.

Une poignée de main pour prendre congé et cette fois, il rentre dans sa coquille. Nous ne le reverrons qu'à notre prochain passage à Hoonah, dans quatre ou cinq jours, après une excursion du côté de Glacier Bay.

En route, nous sommes témoins d'un autre de ces spectacles extraordinaires dont la nature, en Alaska, est si prodigue. À quelques mètres du *Mouton Noir*, sept baleines à bosse émergent à la verticale en un cercle parfait, la gueule grande ouverte pour avaler leur petit déjeuner : un banc de harengs savamment refoulé au centre de leur piège. Impressionnant et quelque peu troublant. On n'aimerait pas du tout qu'il prenne brusquement l'envie d'un petit gigot à ces mastodontes. Car notre *Mouton*, tout costaud qu'il soit, se sentirait bien petit...

Notre visite à Glacier Bay, nous l'avons planifiée depuis Vancouver, deux mois avant notre départ pour l'Alaska. Pas plus de quelques bateaux sont admis chaque jour dans ce parc national et sur réservation seulement, supposément pour protéger l'environnement. Quelle foutaise ! Après une gymnastique de fous pour être à temps au rendez-vous, nous constatons en arrivant que les restrictions imposées n'ont aucun sens. Elles sont, une fois de plus, l'expression d'une administration éprise des règlements, un produit de l'organisationite aiguë dont souffrent les États-Unis d'Amérique. Que sont quelques bateaux de croisière en regard des paquebots immenses qui vont et viennent chaque jour dans le parc ? Et comment explique-t-on qu'il soit interdit aux individus de pêcher, quand on laisse libre accès aux pêcheurs commerciaux ?

À la réception, un guide nous énumère les interdictions. Plusieurs fjords sont fermés. Certains, parce que les glaciers au fond desquels ils logeaient ont reculé au fil des ans et se retrouvent maintenant loin de la côte. D'autres, parce qu'ils ont été trop visités au cours de l'été. Si bien que le glacier John Hopkins, pour lequel nous avons fait le voyage, nous est proposé sur film, dans l'auditorium, à vingt heures du lundi au vendredi.

Écoeurés de cet encadrement si étroit, découragés par le mauvais temps qui sévit, nous écourterons notre séjour. Avant de partir, nous profitons toutefois de quelques conférences et excursions guidées pour en apprendre davantage sur la richesse et la diversité de la nature en Alaska.

Après les guides en uniforme du parc national, quel plaisir de retrouver notre bon monsieur Davis en savates ! Quel plaisir, également, de retrouver Hoonah. Dans le port, qui est particulièrement spacieux et bien tenu, il règne en ce moment une atmosphère de fête. Plusieurs bateaux sont venus s'y amarrer pendant notre absence, dont un avec enfants, ce qui est chose rare sur la route de l'Alaska. Les présentations sont vite expédiées. En un rien de temps, le *Mouton Noir* est envahi par les copains, les jouets sortis de leurs coffres, et nous, les adultes, gentiment chassés.

Nous nous soumettons avec ravisse-
ment. Partir à deux en sachant Gabrielle et
Arnaud heureux, nous retrouver seuls
pour faire les courses et, à notre tour, faire
connaissance avec d'autres navigateurs :
nous ne demandons pas mieux. Nous
avons l'impression soudain d'être en
vacances ou plutôt, de faire l'école buis-
sonnière. Car les enfants sont des patrons
exigeants. Le repas doit toujours être prêt
à temps et appétissant, les vêtements lavés
et rangés, les soirées calmes pour assurer
leur repos. Ce sont au fond d'affreux
trouble-fête à qui il fait bon échapper de
temps en temps pour retrouver un petit
brin d'adolescence. Et les en aimer
davantage au retour...

Nos nouveaux et temporaires voisins
viennent tous de loin : Louisiane, Seattle,
Washington City, France, Japon. On se
croirait à l'un des carrefours qui jalonnent
les grandes routes maritimes telles que
Madère, les Canaries, Fort-de-France ou
Nassau. L'activité est aussi grande,
quoique sur une échelle réduite. Nous
allons tous d'un bateau à l'autre pour faire
connaissance, échanger des informations,
des cartes nautiques, des trucs utiles et

même des produits. Du vin contre de la bière, du saumon contre du flétan, etc.

La technique de décorticage du crabe vivant, qui nous a été enseignée par un pêcheur de l'État de Washington et que nous apprenons aux gars de Louisiane, nous vaut des kilos de poisson en plus. Elle nous vaudra aussi, le jour suivant, une épicerie complète. Le moteur de leur bateau tombe en panne et, forcés de rentrer à Juneau en avion, ils nous donnent toutes leurs provisions de table. Gabrielle et Arnaud sont enchantés de découvrir ce que bouffent trois hommes en vacances. Rien que des choses qui plaisent aux enfants !

Chapitre 11

Sitka

Ici et là en Alaska, le ministère des Forêts possède et entretient de petites cabanes en bois qu'il loue aux amateurs de vie sauvage. Il faut s'y faire déposer en hydravion ou venir par bateau. Leurs sites sont toujours extrêmement isolés. C'est un réseau que nous avons découvert par hasard, au cours de nos explorations, et encore aujourd'hui, je serais bien incapable d'en indiquer le chemin. En revanche, je peux certifier à qui cherche une retraite hors du monde qu'il la trouvera là. Dépaysement garanti et ours, probablement aussi.

Sur la carte, nous avons repéré une source d'eau chaude accessible par une

piste prenant origine à Mirror Harbor, à
environ un jour de mer de Sitka. Les
sources, nous y avons pris goût à Bishop et
nous les visitons systématiquement,
certains d'y trouver des décors incompara-
bles. Celle de White Sulfur ne fera pas
exception. Ce que nous avons sous-évalué,
par contre, c'est la difficulté pour s'y
rendre.

De toutes les entrées tortueuses qui
protègent des petits coins de paradis en
Alaska, celle de Mirror Harbor s'avère la
plus périlleuse. Si je n'avais entièrement
confiance en mon partenaire, je rassemble-
rais immédiatement mes affaires et je
grimperais dans le radeau de sauvetage
avant que notre bateau se fracasse contre
une falaise. Au lieu de quoi je reste figée à
la barre, évitant de regarder les tourbillons
d'écume qui nous entourent, et j'obéis.
Cinq degrés à tribord. Tout droit. Dix
degrés à bâbord. Tribord toutes!

Au moment où le voilier est projeté vers
l'avant dans un bassin plus large,
j'aperçois du coin de l'oeil une adorable
petite loutre qui prend un bain de mousse
étendue sur le dos, un déchet quelconque
entre les pattes en guise de jouet. Je raffole

des loutres et je passerais des heures à les regarder s'amuser, mais ce n'est vraiment pas le moment. Au danger des tourbillons a succédé celui du fond. Ce passage ne s'effectue qu'à marée haute. Je dois donc surveiller sans cesse le profondimètre qui détermine la route à suivre. À certains endroits, il n'indique plus qu'un mètre cinquante mais cela suffit encore. Le *Mouton Noir* est un dériveur. Sa quille amovible nous permet de flotter dans très peu d'eau.

Longue et éprouvante navigation, mais diable! Quelle récompense une fois à l'abri dans la lagune! Ici, on ne risque pas d'être dérangé par un colporteur!

Heureux d'avoir tenu tête à nos hésitations — on ne se lance pas dans pareille aventure sans un brin d'inquiétude —, nous préparons maillots, serviettes et chasse-moustiques et partons à la recherche de la fameuse source. Gabrielle a, comme à chacune de nos expéditions, noué à sa cheville le bracelet à ours que nous lui avions rapporté d'un voyage dans le nord de la Colombie-Britannique. De grosses clochettes qui annoncent notre arrivée et font fuir les importuns.

Deux kilomètres de marche et voilà White Sulfur. À notre très grande surprise, la source principale a été emprisonnée dans une maisonnette de bois — plutôt jolie du reste — et jouxte une cabane de *Forestry US*. De tous les refuges que nous verrons en Alaska, celui-ci est sans doute le plus agréable. Le seul, certainement, qui soit équipé d'une salle de bains avec eau chaude! Pour les amateurs de plein air, une deuxième source demeure exposée aux éléments. Elle surplombe une autre lagune mais celle-là, nous ne chercherons pas à l'atteindre.

Le lendemain, départ très matinal pour Sitka. Les enfants dorment encore. Comme la navigation sera difficile, nous avons voulu la leur épargner. Malheureusement, nous ne réussissons qu'à moitié. Vers 9 heures, une odeur de fumée envahit le bateau et c'est l'état d'alerte. Je réveille en hâte Gabrielle et Arnaud. Avec le naufrage, le feu en mer est la plus grande crainte des marins. Non pas qu'il manque d'eau pour éteindre l'incendie mais on risque le naufrage, ce qui revient à une seule et même peur. L'odeur, ce matin-là, en est une de feu électrique, très caractéristique.

Je reste dehors avec les enfants tandis que Robert ouvre tout. Des baleines grises en profitent pour venir nous saluer mais nous n'avons pas le coeur à la fête. Anxieux, nous attendons en silence de savoir ce qui se passe. Derrière un panneau électrique, Robert découvre un relais brûlant, légèrement tordu et noirci. Voilà sans doute le coupable mais comment en être certain? Le plus inquiétant, ce n'est pas le feu que l'on voit mais celui qui peut couver derrière les cloisons où passent les fils. Il faut nous arrêter et tout examiner à la loupe.

Par chance, un canal s'ouvre bientôt sur la côte. Secoués par une mer peu profonde qui s'agite dans tous les sens, nous y parvenons enfin. À bâbord, les vagues brisent sur de gros rochers noirs. Nous les doublons avec soulagement et regagnons les eaux calmes du passage intérieur.

Une inspection soigneuse de tous les recoins du bateau ne révèle aucun autre problème et, le relais remplacé, nous achevons notre trajet jusqu'à Sitka. La ville s'étend au pied du mont Edgecumbe, un volcan éteint. Son spectaculaire sommet en forme de cône est couvert de neiges éternelles mais bien chanceux qui l'aperçoit. Les nuages, la pluie ou le brouillard le masquent vingt jours sur trente.

Mais Sitka a largement de quoi se faire pardonner. Entre autres, un centre-ville ravissant où trône la cathédrale orthodoxe Saint-Michael, avec son toit en bulbe d'oignon qui évoque aussitôt la Russie. Ce sont les Russes, en effet, qui ont occupé l'Alaska et qui l'ont vendue aux Américains en 1867.

Baranof, Linianski, Kupreanov, Kruzof : les noms des rues et des îles en Alaska témoignent de ce passé encore récent. Si récent, en fait, que nous rencontrons à Sitka des gens vêtus à la russe, que nous trouvons du caviar à profusion dans les épiceries, et que le diocèse compte quatre-vingt-quatre paroisses orthodoxes.

La visite de la cathédrale est pur enchantement. On y découvre notamment le parcours d'Ivan Veniaminof, horloger, artisan, ébéniste, prêtre et ethnologue, à qui l'on doit la superbe horloge de l'église. Il deviendra évêque de l'Alaska et, plus tard, chef de toute l'Église russe. On y découvre aussi l'histoire incroyable de l'icône de Saint-Michael. Expédié de

Russie sur un bateau qui a coulé au large, le grand tableau doré a atterri sur la plage de Sitka deux semaines après le naufrage. Comme de quoi les saints ont appris à nager...

À courte distance du centre-ville de Sitka, se trouve un immense parc historique où de fabuleux totems nous rappellent qu'avant les Américains et les Russes, l'Alaska était occupée par différents peuples autochtones. C'est là que nous est révélée l'origine des maringouins, ces petits insectes voraces dont le nombre semble croître avec la beauté du paysage.

Un jour, la fille d'un chef Tlingit donne naissance à un garçon à la tête percée d'une pointe de flèche. Porteur de violence, il finit par assassiner sa mère. Puis il s'enfuit dans la forêt où il tue plusieurs chasseurs avant d'être capturé par son oncle, qui l'exécute et fait brûler son corps. Emportées par le vent, ses cendres se transforment en moustiques qui continuent aujourd'hui à tourmenter les gens. Et comment! En Alaska, nous avons dû renoncer à plus d'une expédition à terre tant ils étaient féroces.

En arrivant à Sitka, nous nous sommes rendus tout droit à la coopérative de pêche, dans l'espoir de retrouver Bob Gau, l'ami pour lequel nous avons prolongé notre trajet jusque là-bas. Pas de chance, il était reparti en mer la veille, pour une dizaine de jours. Nous avons griffonné une note et l'avons glissée dans sa case en sachant qu'il regretterait lui aussi ce rendez-vous manqué.

En attendant, nous profitons au maximum de cette escale à Sitka, le point le plus éloigné de notre itinéraire en Alaska. Sur les quais, nous rencontrons l'équipage du *Notre-Dame des Flots*, un grand ketch en bois datant des années quarante. Le *Notre-Dame* arrive du Japon et s'en retourne chez lui, en Bretagne, via le canal de Panama. Il a accompli deux fois et demie le tour du monde avec, à bord, Jean-Pierre, Pitchoune et leur fils Fabien qui, à dix-sept ans, n'a jamais connu d'autre maison que celle-ci. Afin de subvenir à leurs besoins, ils ont embarqué des passagers pour des navigations au long cours. Formule unique offerte par des gens exceptionnels. Jean-Pierre, Pitchoune et Fabien transportent sur leur dos un plein sac d'aventures dont plusieurs figurations, avec leur bateau pirate, à la célèbre émission *Fort Boyard*.

Nous les retrouverons sur la route du Mexique mais pour l'instant, nous leur disons au revoir. Il est déjà temps, pour le *Mouton Noir*, de se remettre en route. Tout est prêt, ne reste plus qu'à aller faire la lessive. Je me rappelle soudain que je n'ai pas inscrit la date de notre visite sur la note laissée à Bob Gau. Nous faisons un crochet par la coopérative de pêche pour réparer cette omission, et continuons vers la laverie automatique. Un détour de quinze minutes qui nous vaudra bientôt un des moments les plus mémorables de notre voyage en Alaska.

Chapitre 12

L'île des renards

Entassés à la table du carré, nous nous émerveillons encore du hasard qui nous a permis de nous retrouver. Bob, qui il y a quelques heures pestait contre son pilote automatique, le remercie maintenant. Grâce à lui, il est rentré à Sitka, a vu la note et a envoyé ses espions à notre recherche. Dans l'évier, un Chinook offert par lui attend d'être préparé. Le saumon fait près d'un mètre de long. Sa chair, la plus savoureuse de toutes, est d'un beau rouge foncé.

Les enfants se font eux aussi une joie de ces retrouvailles. Habitués à la présence des adultes, ils participent aux discussions et ma foi, il devient difficile de placer un mot quand il est question de pêche. L'expert, à bord, c'est Arnaud. Il interroge, commente et raconte ses propres aventures dans un anglais impeccable. Pourtant, il y a trois ans à peine, il ne savait dire ni bonjour ni merci. Tout comme sa soeur, il a appris l'anglais sur les quais de la côte Ouest. Dans quelques mois, il apprendra l'espagnol. À l'école du voyage, les langues sont obligatoires.

En partant ce soir-là, Bob nous demande d'être à l'écoute de la radio le lendemain. Il nous concocte une surprise pour laquelle il attend une confirmation. Si tout fonctionne, il nous dira alors de quoi il s'agit.

Le 18 juillet au matin, nous sommes au rendez-vous. À la VHF, Bob annonce qu'il nous emmène passer l'après-midi et souper chez de grands amis de ses parents défunts, un couple qu'il considère comme ses seconds parents tant il en est proche. Al et Signe possèdent une île à quelques heures de Sitka. Il nous y emmènera avec *Adagio*, son bateau de pêche.

Les enfants ne seraient pas plus heureux si nous leur avions annoncé une journée à

Disneyland. Quant à Robert et moi, nous sommes touchés à l'extrême par ce geste. Le sacrifice d'une journée de pêche durant la saison du saumon est un cadeau énorme. Mais il y a plus, nous le découvrirons en arrivant sur place. L'univers d'Al et Signe est extrêmement privé. Partager cette intimité avec nous témoigne d'une grande affection.

Berry Island est un petit joyau. Elle ne fait pas plus d'un kilomètre de diamètre. Son nom, elle le doit à la multitude de ses fruits sauvages : bleuets, mûres et autres baies propres à la région. Hormis ces buissons, l'île est couverte de grands pins et de cèdres qui embaument l'air. Y marcher nous transporte de joie, plus que n'importe quelle autre balade en forêt. De partout on voit la mer. C'est un bateau sans la gîte, une forêt sauvage sans les ours. Gabrielle court dans tous les sens.

— C'est ici, s'exclame-t-elle, que je veux vivre !

La maison des propriétaires était autrefois une ferme d'élevage de renards. Petit bâtiment en bois très modeste, elle est remplie de pièces anciennes dont notre hôtesse et son mari, de sang indien, font collection. Sur l'île, il y a un autre pavillon. Un hexagone en bois, récent et de facture remarquable, qu'Al et Signe réservent à leurs invités. Il y a enfin une maison de toile qui m'inspirera un roman. C'est la résidence de leur fille, une véritable tente berbère. Là aussi les objets accumulés charment l'oeil, par leur disposition aussi bien que par leur nature. On y reconnaît un sens aigu de l'art.

À quelques dizaines de mètres de la maison se trouve le fumoir. Comme la plupart des résidents de l'Alaska, Al et Signe fument leur saumon. Nous en mangerons le soir en entrée, un véritable délice. Le repas se déroule dans la simplicité. La soirée s'écoule doucement, la discussion nous emmène autour du monde sans hâte. La lampe à l'huile et le poêle à bois semblent ralentir le temps. Malgré tout, il faudra bientôt s'en aller et dire adieu aux beaux ermites de Berry Island. Nous souhaiterons en partant que nos routes se recroisent un jour.

Un rien de mélancolie, à cet instant, dans le regard d'Al. Nous apprendrons sur le chemin du retour que ses jours sont comptés. Le cancer contre lequel il se bat a toutes les chances de gagner.

Le ciel de Sitka, infiniment étoilé, nous apparaît subitement infiniment triste.

Chapitre 13

La route à l'envers

20 juillet. À partir de maintenant, nous détricotons. Ce que nous avons fait, nous le défaisons pour revenir au point de départ. Bien sûr, nous emprunterons parfois des canaux différents entre les escales principales. Mais somme toute, nous n'en ferons pas un défi. Vient un moment, en croisière, où l'on atteint son quota de nouveauté et ce, d'autant plus vite que le voyage est rapide. Les enfants, et nous aussi quoique pour des raisons différentes, éprouvons du plaisir à repasser dans notre sillage.

Pour Gabrielle et Arnaud, qui ont si peu de racines, chaque petit bout de paysage familier devient terre de référence. Pour nous, et en particulier pour Robert qui a la responsabilité de la navigation, c'est autre chose. Avoir apprivoisé le parcours et ses difficultés allège son fardeau. Restent bien entendu les imprévus de la météo, les complications techniques, mais n'empêche. D'un voyage de retour se dégage toujours une sensation autre. Un bien-être qui ne tient plus au fait de découvrir, mais de reconnaître.

Santa Anna, par exemple, au bout d'une calanque si longue qu'il faut bien une demi-heure pour l'atteindre. À la première visite, nous nous y étions baignés sous un soleil radieux. Le faible mouvement de la marée, à si grande distance de la mer, permet à l'eau de se réchauffer un peu. Nous avions suivi une piste jusqu'à une grande rivière où nous avions pêché la truite. Nous avions aussi exploré, sur l'une des rives, une forêt de légende. De grands arbres moussus, des arches de verdure formées par des troncs inclinés recouverts de lichen, et puis une chute, large et haute. Nous en gardions un souvenir lumineux.

Nous retrouvons Santa Anna sous une pluie fine, un ciel bas, sans relief, qui donne aux verts beaucoup de gris. À bord, c'est un peu la déprime. Voilà trois jours que dure ce crachin. Les enfants se remettent lentement d'une solide grippe, Robert en a les premiers symptômes. Nous nous replions sur nous-mêmes. Nous rentrons la tête comme des tortues menacées et nous attendons. Chacun, de son côté, s'occupe à lire, à écrire, à jouer. Il se passe parfois des heures sans que nous entendions un bruit. Puis une porte de cabine s'ouvre et se referme, et encore une autre, et je vais voir ce que font les enfants. Ils s'ennuient. Je m'efforce de les distraire. Nous préparons des biscuits, nous jouons une partie de cartes, nous parlons de l'arrivée de Marie-Paule, alias Mini.

L'enthousiasme revient. Car cette petite Marie-Paule, dont je suis la marraine, nous l'aimons tous passionnément. Enfant du Grand Nord, elle est née à mi-chemin entre Gabrielle et Arnaud. Ma soeur et moi avons alors vécu nos bonheurs et nos inquiétudes à des latitudes opposées, elle dans les glaces de Povungnituk et moi, dans la chaleur du Kenya. La chaîne invisible et indestructible qui unit frères et soeurs, nous l'avons transmise par le sang à nos enfants. Bien que vivant à des milliers de kilomètres les uns des autres, ils sont aussi près que coeur et poumons.

C'est une distance énorme que parcourt seule cette petite bonne femme de neuf ans pour nous rejoindre à Prince-Rupert. Pourtant, nous la retrouvons tout sourire à sa descente d'avion, le 30 juillet, et pas une seule fois en trois semaines elle n'exprimera inquiétude, ennui ou contrariété. Malgré le mal de mer, malgré les petits conflits qui naissent parfois dans une relation à trois. Tout naturellement, elle prend sa place à bord, participe aux tâches, partage notre quotidien. Franche jusqu'au bout des doigts, elle me répond «pas toujours» lorsque je lui demande si elle est aussi irréprochable chez elle. À quelques jours du départ, elle trouvera même le moyen de me dire qu'elle est contente de rentrer chez elle sans l'être de nous quitter.

Des moments formidables, nous en connaissons plus d'un avec Mini. Notre périple se poursuit dans l'enchantement d'un territoire aux richesses inépuisables. Le 1er août, par exemple, nous jetons l'ancre tout près d'une chute que remontent, pour aller frayer, des centaines et des centaines de saumons. Autour de nous, l'eau bouillonne de nageoires. Il suffirait, semble-t-il, de lancer un hameçon pour attraper un poisson. Erreur. À cette étape-ci de leur existence, les saumons ne se nourrissent plus et leur chair n'est pas bonne à manger. Il n'ont qu'une chose en tête : se reproduire. Il faut voir avec quelle énergie ils se lancent dans le courant !

Mais que la vie est cruelle ! Après avoir voyagé pendant quelque sept ans pour revenir à leur point de départ, après avoir échappé à tous les prédateurs qui les guettaient, les voici, au sommet de la chute, happés par un ours gigantesque. Comble d'infortune, deux aigles à tête blanche ont également découvert le garde-manger. Ils tournoient dans le ciel pour s'aiguiser l'appétit.

Quel pourcentage de ces pauvres saumons se rendront au bout de leur course ? Il faudra interroger les statistiques pour le savoir et, à l'avenir, appuyer les efforts de ceux qui se battent contre le pillage incontrôlé des océans.

D'escale en escale, de pique-nique en feu de camp, nous ramenons Marie-Paule à Vancouver le 20 août. Sans l'avoir planifié, nous arrivons juste à temps pour le Festival des bateaux de bois de l'île Granville, un événement qui se tient tous les ans à pareille date.

Quelle surprise d'y retrouver nos amis du *Notre-Dame des Flots*! Leur grand ketch est amarré au quai du marché Granville, célèbre institution de Vancouver où maraîchers et artisans se côtoient quotidiennement. Le pont de l'ancien thonier s'est transformé provisoirement en théâtre à ciel ouvert. À tout moment, un groupe de musiciens s'installe et donne un spectacle. Nous y assistons tantôt mêlés à la foule, tantôt depuis le carré du *Notre-Dame* où les discussions entre marins sont drôlement animées.

Pendant ce temps, Gabrielle et Arnaud s'éclatent. Ils se sont fait des amis parmi les pilotes d'aquabus, ces jolies petites embarcations qui sillonnent False Creek à longueur de journée. John, l'un d'eux, les a pris comme assistants. Ils recueillent les billets des passagers en échange d'un tour gratuit mais cela, il ne faut pas le répéter aux patrons de John. Sa gentillesse lui vaudrait peut-être des ennuis...

Le sourire aux lèvres, Robert et moi regardons nos enfants. Ils descendent d'un bateau pour sauter sur un autre : qui oserait prétendre qu'ils ne sont pas heureux sur l'eau ? Nous savons évidemment qu'un jour viendra, où ils réclameront que notre famille s'arrête. Qu'elle se sédentarise pour leur permettre de vivre des amitiés au long cours. Nous y sommes préparés et nous le ferons. En attendant, les jours creux se comblent sans grande difficulté.

Car les jours creux, ils existent. La nostalgie des copains, de la vie à terre, de la liberté de courir à sa guise. Le besoin de vivre comme tout le monde, de se fondre dans le moule. Quel enfant n'a pas envie de ce qu'ont les autres ? Élevée sur l'eau, Gabrielle rêve de ferme. Élevée sur une ferme, je rêvais de la mer. Je lui dis qu'elle a de la chance. Trop peu de gens connaissent leurs rêves et se battent pour eux. Savoir tôt où l'on veut aller et se donner les moyens pour y arriver est un privilège rare.

Bien sûr, elle n'est pas seule dans cette entreprise. Chaque fois que possible, nous la laissons monter à cheval. À elle de consacrer le reste du temps à sa passion. Lire, apprendre, observer, dessiner. Nous remplissons notre rôle en lui fournissant les outils nécessaires, non pas en lui donnant tout, et tout cuit dans le bec. Le remède n'est pas toujours facile à avaler pour un enfant et, pour un parent, à administrer. Éduquer des enfants est de loin la chose la plus difficile qu'il nous ait été donné de faire. Le doute nous assaille à tous les tournants, se fraye un chemin jusqu'à nos convictions les plus profondes. Atteints au coeur par une larme, un moment de tristesse, nous remettons en question notre mode de vie. Mais chaque fois nous en venons à la même conclusion : le bonheur des enfants ne doit pas, ne peut pas se bâtir sur le malheur des parents. Tôt ou tard, l'insatisfaction referait surface et alors, que deviendrait ce bonheur ?

Gabrielle et Arnaud nous rejoignent à bord du *Notre-Dame* et prennent place parmi les adultes, à la table du carré. Ils racontent ce qu'ils ont fait, les choses drôles qui leur sont arrivées, et vraiment, nous n'avons à ce moment-là aucune inquiétude. Nous ne sommes pas en train de gâcher leur existence. D'ailleurs, c'est avec fierté qu'ils reçoivent leurs amis au cours de cette escale. À leur tour, ils se font envier.

Chapitre 14

Les San Juan

Le 1ᵉʳ septembre 1997, nous appareillons pour le Mexique. Inscrits au Centre national d'éducation à distance (CNED) de France, les enfants recevront leur programme d'études à San Francisco. Nous commencerons l'année scolaire quelque peu en retard, mais nous l'avons voulu ainsi. Faire l'école en traversée est une tâche ardue pour les parents, ingrate pour les enfants. Les quarts de nuit, les repas pris à la sauvette, le mouvement du bateau : des conditions difficiles qui ne prédisposent ni à l'enseignement, ni à l'apprentissage. En revanche, la lecture demeure une occupation quotidienne et, avec elle, l'acquisition de connaissances reliées à la vie en voyage.

Première étape de notre long trajet (environ deux mille kilomètres jusqu'au Mexique), les îles San Juan, dans l'État de Washington, nous sont très familières. Nous y avons navigué trois étés de suite au cours d'un long séjour sur la côte Ouest. Après le tourbillon des dernières semaines, il fait bon retrouver le calme de nos îles et de nos ancrages préférés. Nous les visitons l'un après l'autre, comme pour en fixer dans notre esprit les images définitives. De chacun il ressort un tableau auquel l'un de nous quatre a un attachement particulier. Les biches de Jones, pour Gabrielle. Les crevettes de Friday Harbor, pour Arnaud. Les avions de Roche Harbor pour Robert et, pour moi, l'école de Stuart Island. À l'arrière-plan de chacun de ces tableaux, le même décor sauvage : un grand archipel peu habité, sur fond d'eaux relativement calmes où croisent à longueur d'année orques, marsouins, phoques et poissons innombrables.

Ravagée il y a quelques années par une tempête d'hiver exceptionnelle, Jones Island se parcourt à pied en quelques heures. Exposé au vent dominant, son unique mouillage n'est pas très confortable. Aussi n'avions-nous pas prévu d'y passer la nuit lorsque nous y avons ancré la première fois, en 1994. Mais allez donc séparer une petite fille de ses amis les animaux! À force de persévérance et de délicatesse, Gabrielle avait réussi cette fois-là à faire manger des biches dans sa main. Depuis lors, Jones est son île, les biches de Jones, les siennes, et bien qu'elle partage son expertise avec son frère, elle a un sentiment d'appartenance très fort envers ce lieu.

Arnaud, lui, est le gouverneur incontesté de Friday Harbor. L'ancre n'est pas sitôt crochée qu'il prend place dans le dinghy, et bien longues lui paraissent les cinq minutes que nous mettons à le rejoindre. Une puise sur l'épaule, un seau à la main, le voici maintenant sur les quais du port en train de pêcher la crevette. Couché sur le ventre, il détache, en les grattant avec le manche de sa puise, les coquillages collés aux piliers. Puis il se relève et attend. Une crevette, deux crevettes, dix crevettes sortent bientôt de leur cachette pour

venir goûter ce casse-croûte inespéré.
Vif comme l'éclair, il enfonce sa puise
dans l'eau et la ressort avec sept ou huit
crevettes dont les plus grandes font au
plus huit centimètres.

Entre Arnaud et sa soeur, la compétition
est serrée. Gabrielle a un intérêt limité et
variable pour la pêche à la ligne. Mais à la
puise, elle est infatigable et difficile à
battre. Je l'ai vue souvent attraper à la
main des poissons minuscules, et
constituer des aquariums dans des vases
aussi inusités que des flacons à parfum. La
volonté d'emprisonner les animaux est
très puissante chez les enfants. Sans doute
est-ce un besoin inconscient de dominer en
même temps qu'un amour inconsidéré
pour les bêtes. Les parents les laissent faire
leurs expériences à de strictes conditions.
Insectes, poissons, grenouilles et lézards
doivent être maintenus en vie et libérés le
soir même.

En vrais pêcheurs toujours tentés d'aller
voir ailleurs, Arnaud et Gabrielle
s'éloignent petit à petit de leur centre,
c'est-à-dire de moi, qui suis la gardienne
du seau. Bientôt, je me retrouve en train
d'arpenter le quai d'une extrémité à

l'autre, avec mon récipient rempli d'eau et mon bras droit qui allonge.

Les crevettes récoltées le jour, nous les mangeons le soir après avoir passé des heures à les décortiquer. Tout comme pour les fraises des champs, il faut de la patience et du temps. Nous accomplissons notre tâche en écoutant de la musique, en discutant de choses et d'autres, en jouissant simplement du privilège d'être ensemble. Le bonheur n'est pas une chose compliquée.

Au tour de Robert, maintenant, de nous emmener dans son lieu de prédilection : le quartier aérien de Roche Harbor. De part et d'autre de la piste s'ouvrent des allées conduisant à des maisons flanquées, non pas d'un garage mais d'un hangar à avion. Pilote de coeur et de métier, Robert ne peut pas voir un avion sans ressentir un frisson dans l'aile. Son aile, j'entends. Celle qu'il garde repliée sur le *Mouton Noir* comme sur un oisillon précieux, et qu'il déplie au besoin pour aller chercher de quoi nourrir les petits. Roche Harbor est donc pour lui un port attrayant. Je l'y retrouve régulièrement, assis sur une marche d'avion, en train de partager sa passion des airs avec un autre pilote, ses années de vol dans le Grand Nord et en Afrique. Je m'esquive en douce, car sur l'île de mon amoureux, j'ai moi aussi un petit coin secret.

Au-delà du port, dans la forêt de Roche Harbor, se dresse un édifice insensé. Un temple à la grecque, auquel on accède par un long escalier à différents angles et à plusieurs paliers. Sous un dôme de pierre supporté par sept colonnes, dont une brisée, trône une vaste table en granit entourée de six chaises. Chacune renferme les cendres des membres de la famille McMillin, réunis ici après leur mort pour l'éternité.

Sensible aux atmosphères, aux lieux étranges, je m'imprègne du décor que j'emprunterai sous peu pour y camper l'action d'un roman jeunesse. Le projet me trottait dans la tête depuis longtemps, très vague. La maison de toile de Berry Island, en Alaska, m'a permis de le préciser. L'inspiration travaille de curieuse manière. Elle pique ici et là les éléments nécessaires à son épanouissement, très souvent à notre insu. Il m'est arrivé, une fois, de retourner dans un restaurant où j'étais passée

quelque cinq ans plus tôt, et d'y reconnaître le restaurant d'un de mes livres.
Pourtant, j'aurais juré sur mon âme que je
l'avais inventé. Depuis lors, je suis
prudente et je ne jure de rien.

Cette fois cependant, c'est en toute
lucidité que j'examine le mausolée des
McMillin, que je note la forme des
escaliers, le nombre de marches, la colonne
brisée, la chaise manquante. Rien n'est dû
au hasard, c'est certain. Il me faudra faire
de la recherche pour découvrir le sens de
tout cela. Ensuite, je pourrai me permettre
d'interpréter.

Après Roche Harbor, c'est à Stuart
Island que nous allons jeter l'ancre. Une
baie très profonde, une rive entièrement
boisée : hormis un quai gouvernemental,
on ne trouve ici aucune présence de
l'homme. C'est à l'intérieur de l'île et de
l'autre côté qu'il faut la chercher.

À environ un kilomètre de la berge,
entre les arbres, une petite école occupe le
centre d'une clairière. Vitrée sur toute la
face sud, alimentée par des panneaux
solaires, elle compte une seule grande
pièce. Dans un coin, des pupitres. Dans
l'autre, un piano. Au milieu, un poêle à

bois et un îlot comptoir-évier. Je connais chaque détail de l'aménagement, depuis l'emplacement de la carte du monde jusqu'à celui des porte-manteaux, pour avoir, été après été, collé mon nez aux vitres de l'école. Je regrettais à chaque visite que les enfants soient en vacances. Comme j'aurais aimé les connaître, ces petits insulaires, et entrer ne fût-ce que cinq minutes dans leur univers !

Ce mois de septembre m'en fournit enfin l'occasion. Je rassemble tout ce que je possède pour parler de mon métier, notes, brouillons, manuscrits annotés, épreuves, bleus, quelques titres traduits en anglais, et je pars à la rencontre du professeur. Timidement. Très timidement, même. Je m'en vais demander plus qu'offrir, me semble-t-il. J'ai bien quelque monnaie d'échange pour compenser les instants volés à leur journée, mais est-ce suffisant ?

Suffisant ? Le professeur des grands m'accueille à bras ouverts. Les enfants aussi. Je les trouve en récréation, qui à se balancer, qui à jouer au ballon, certains pieds nus, certains en bottines, mais tous souriants. Ils ont entre six et quatorze ans. Au-delà de la huitième année, ils doivent aller étudier à Friday Harbor par bateau. Tous les jours. Ils sont rares, ceux qui décident de prendre pension là-bas. Les gens de Stuart sont aussi attachés à leur terre que nous, à notre voilier.

Étonnant, d'entendre des adolescents se satisfaire d'un espace dont on atteint si rapidement les limites. D'une île où il n'y a même pas de village. Pas de salle communautaire. Que des habitations dispersées dans la forêt, et l'école. C'est autour de ce pivot que gravite la minuscule société de Stuart. Il y a quelques années, la classe au complet est partie au Mexique avec le professeur des grands, son épouse, professeure des petits, et quelques parents. Ils ont fait l'école en voyageant, six mois durant. Installée maintenant sur une chaise droite, face à leur groupe, je les écoute me raconter leur aventure. Après, nous parlerons de livres. Il n'y a aucune urgence.

J'avais senti, en regardant par les vitres de cette maison école, qu'il s'y passait des choses peu banales. Je ne m'étais pas trompée. À l'atelier d'arts, on a déjà commencé à préparer « la saison ». On fabrique en lithographie des cartes postales et, en sérigraphie, des t-shirts. L'été, on les met en vente pour financer les activités parascolaires. Le matériel est installé à la bibliothèque, un bâtiment adjacent qui n'est jamais verrouillé. Les navigateurs de passage déposent le paiement de leurs achats dans un bocal de verre et en profitent, s'ils le veulent, pour feuilleter quelques livres. Le vol ? Les élèves sourient. Ils ne connaissent pas.

Je me suis tout juste engagée sur le sentier conduisant au mouillage que Gabrielle, Arnaud et Robert arrivent à bout de souffle. En escaladant les collines, ils ont découvert un troupeau de moutons qui broutait en surplomb de la mer, dans une prairie verte, mais verte ! Aussi verte qu'en Irlande, disent-ils pour me rendre jalouse. Je ne bronche pas. Moi, je suis allée au Mexique.

Ils ont aussi aperçu les voiles d'un bateau qui se dirigeait vers l'entrée de la baie.

Alors là, je bronche tout de même un peu. Qui donc ose venir troubler notre paix ?

Chapitre 15

L'imprévu au menu

Nous ne connaissions rien de Port Townsend. À peine si nous avions aperçu le nom sur la carte, en planifiant le voyage. Chose certaine en tout cas, nous n'avions pas prévu de nous y arrêter. Et encore moins de prendre un équipage pour la traversée Neah Bay — San Francisco !

Le grand ketch en bois *Attu* vient de jeter l'ancre à distance respectueuse du *Mouton Noir*. C'est un navire ancien à n'en pas douter. On ne fait plus, à notre époque, ces immenses coques en bois à bout-dehors[1] et capes de mouton[2]. Robert

---

[1] Pièce de bois horizontale permettant de fixer une voile en avant de l'étrave (devant) du bateau.
[2] Partie du gréement servant à tendre les haubans (câbles) qui supportent le mât.

et moi avons, avant de nous rencontrer, vécu tous les deux l'aventure de ces bateaux bijoux qui exigent tant de soins. Nous connaissons la nature généreuse et passionnée de ceux qui les possèdent. Aussi l'équipage d'*Attu* a-t-il déjà gagné notre affection (et notre sympathie!) avant même que nous fassions sa rencontre.

Un dinghy se détache rapidement du ketch et se dirige vers la rive. Deux adultes, deux enfants. Gabrielle et Arnaud trépignent:

— Il faut retourner à terre! Tout de suite!

— Mais enfin, donnons-leur le temps...

Les enfants, c'est bien connu, souffrent mal l'attente. Ils vivent comme si leurs jours étaient comptés. Au fond, n'ont-ils pas raison? Ne devrions-nous pas tous être plus pressés de faire ce dont nous avons envie?

— Allez... aux rames tous les deux, puisque vous avez tant d'énergie!

Nous atteignons la rive. Voilà, ça y est.

— Hé! Depuis quand n'amarre-t-on pas son dinghy?

Dur, dur d'être un marin. Gabrielle et Arnaud s'exécutent et partent en courant, attirés par les petits inconnus comme les abeilles par le miel. Lorsque nous les rejoignons, en haut de la côte, ils ont déjà fait les présentations et s'apprêtent à aller attraper des crabes avec leurs nouveaux amis. Hannah n'a que six ans mais Gabrielle s'est entichée d'elle instantanément. Elle est vive, drôle, et jolie à croquer. Ezra, lui, a presque l'âge d'Arnaud. Alors de ce côté, succès assuré. Attraper des bébêtes, pêcher, faire des ricochets sur l'eau : les idées pullulent. Il suffit de décider par quoi on commence.

Et les parents se retrouvent face à face, libérés provisoirement de leurs bourreaux chéris.

Qui sommes-nous, où allons-nous, que faisons-nous ? La question, ici, n'a rien de philosophique. C'est le *b-a ba* des premiers contacts entre voyageurs. En quelques heures, nous en savons plus les uns sur les autres que des voisins dans une métropole. Les ondes passent ou ne passent pas, on le découvre sans délai.

Dans le cas présent, elles passent, et même fort bien. Gayle et Charlie préparent un projet de croisière et s'apprêtent à prendre en charge l'éducation de leurs enfants. Ils possèdent à Port Townsend une entreprise d'importation de bois rares. Leur associé achève un congé sabbatique de trois ans, le leur commencera l'an prochain. Pour peu que nous traînions, nous les retrouverons quelque part, sur la route du Pacifique Sud. Leur bateau est une acquisition récente. Ils ont navigué à courte distance des côtes, jamais au long cours. Aussi sont-ils curieux de notre expérience et nous, de leur vie à terre. La soirée est trop brève, nous reprendrons le fil demain. Et encore chez eux, une semaine plus tard.

Des centaines de bateaux tirent des bords devant Port Townsend, le dimanche de notre arrivée. De grands, de magnifiques voiliers en bois. Le festival qui se tenait à Vancouver à la mi-août, nous l'apprenons maintenant, se déplace ensuite à Victoria, puis à Port Townsend. C'est toutefois ici qu'il prend le plus d'ampleur puisque la ville s'est développée autour de l'industrie du bateau de bois. De l'art, devrait-on plutôt dire, car certaines des embarcations qui y ont leur port d'attache sont de véritables chefs-d'oeuvre.

Nous comprenons, maintenant, pourquoi Gayle et Charlie se sont établis ici. Les bois précieux sont en demande à Port Townsend. Construction et réparation de bateaux ne constituent toutefois qu'une partie de l'industrie locale. La ville fourmille d'entreprises non conventionnelles : une fabrique de manèges, entre autres, et beaucoup d'ateliers de sculpteurs. Nulle part ailleurs, sauf peut-être à San Francisco, trouverons-nous pareille concentration d'artistes, une communauté née dans les années soixante-dix.

Fuyant la ville pour la campagne, les intellectuels de Seattle venaient passer l'été à Port Townsend. Plusieurs s'y sont fixés. Petit à petit, ils se sont engagés dans le développement de leur ville et en ont fait une destination à caractère unique. Cela se sent dès l'abord. Au nombre des galeries d'art, à la personnalité des boutiques et des cafés, à la qualité des gens qu'on rencontre.

Si je devais vivre dans une petite ville américaine, ce serait à Port Townsend ou à Camdem ou Rockport, ses pendants de la côte Est. Si je devais vivre dans une grande ville américaine, ce serait à San Francisco.

Alors allons-y, à San Francisco. Non qu'il nous tarde de quitter nos nouveaux amis, mais la saison avance. Nous avions planifié de commencer la traversée vers San Francisco au début de septembre. Nous sommes le 10, et pas encore rendus à Neah Bay, point de départ de ce passage.

C'est là que, par tradition, les voiliers attendent la fenêtre météo indispensable. Pour entreprendre le voyage, il faut avoir devant soi trois jours de temps favorable, soit le maximum couvert par les stations qui analysent les systèmes météo et diffusent les prévisions. De Neah Bay, on oblique vers le large. En automne, on y est plus en sécurité que près des côtes, surtout celle de l'Oregon, où les tempêtes sont fréquentes et les courants très forts, en particulier à l'embouchure du fleuve Columbia. Les abris le long de l'Oregon sont peu nombreux, et la plupart accessibles seulement par des rivières à barres[1] qui rendent la navigation extrêmement périlleuse. Le village d'Étel, en Bretagne, en sait quelque chose. La barre de sa

---

[1] Bancs de sable qui se déplacent constamment.

rivière a fait fuir la flotte des thoniers qui faisait sa richesse autrefois. Elle est aussi responsable d'un drame qui a coûté la vie à une dizaine de personnes parties secourir l'équipe Bombard lors de l'expérimentation d'un nouveau canot de sauvetage.

La côte de l'Oregon est l'une des plus meurtrières au monde. Des centaines de navires s'y sont perdus corps et biens. L'évolution de la science météorologique permet de nos jours de prévoir avec plus d'exactitude les conditions de navigation. Mais elle n'empêche pas les tempêtes de se former. Vient un moment où les dépressions se succèdent à une telle cadence que la traversée n'est même plus envisageable pour un petit bateau. Il ne faut pas en arriver là.

Le 13 septembre, nous avons atteint Port Angeles. Un fort vent contraire et une mer démontée nous découragent de poursuivre jusqu'à Neah Bay. Le lendemain, nous y parvenons enfin mais là, pas question de continuer. Les cartes météo sont claires: le mauvais temps qui sévit va non seulement durer, il va s'aggraver. La dépression qui en est la cause et qui prend origine dans le golfe d'Alaska s'étend jusqu'à la Californie.

Alors, contre mauvaise fortune, nous ferons bon coeur. Un ami très cher se marie à Seattle le surlendemain. Nous décidons d'aller le surprendre.

Toute la journée du 14, nous cherchons une façon de quitter Neah Bay mais ne trouvons ni autobus, ni voiture de location. Pas moyen de sortir de ce trou perdu. Ne reste qu'une solution. Après quelques minutes d'hésitation, nous passons un coup de fil à Penny, l'épouse du pêcheur rencontré en Alaska. Elle habite Port Angeles et nous l'avons appelée la veille pendant notre courte escale.

— Penny, aurais-tu par hasard envie de faire une petite balade du côté de... Seattle?

— J'arrive!

Comme son mari, Penny adore à la fois la conduite automobile et les voitures de collection. Ils en ont plus d'une centaine, toutes en état de marche et toutes immatriculées, qu'ils gardent dans des hangars et louent à l'occasion pour des films. Ils ne sont pourtant pas riches. Leur maison, érigée sur la ferme familiale, est très modeste. Ils sont seulement passionnés. Bob achète des voitures soit anciennes, soit rares mais presque toujours abîmées, et les retape. C'est son dada. Il détient une police d'assurance spéciale. Il téléphone à son agent, lui dit quelle voiture il compte utiliser ce jour-là, et la voiture est assurée jusqu'à ce qu'il retéléphone pour faire un changement.

À Port Angeles où Penny nous dépose en Mercedes (nous sommes quatre après tout, une voiture sport n'aurait pas convenu!), nous louons une auto et, après un long trajet par la route et en traversier, nous débarquons chez les parents de la mariée. Mis dans le coup par téléphone, Sue et Tom poussent la complicité jusqu'à envoyer leur futur gendre ouvrir, lorsque nous sonnons à la porte.

C'est la première fois et sans doute la dernière, que nous verrons Bill chercher ses mots. Car notre ami américain est un homme volubile. Plein d'idées, intéressant à l'extrême. Il a fait trente-six métiers, dont celui de biologiste. Il a étudié les loups dans le nord du Montana et publié ses photos dans le *National Geographic*. Il a eu des entreprises à San Francisco et au Mexique. Navigateur lui aussi, il apprend et expérimente sans cesse. Je ne connais personne avec qui Robert aime autant chercher la solution à un problème technique compliqué. C'est en outre un homme d'un grand raffinement, gastronome, gourmand aussi, et qui adore les enfants. Pour eux, il est *uncle Bill*.

Figé dans l'entrebâillement de la porte, notre ami reste sans voix.

— Qu'est-ce que vous faites là ? bredouille-t-il enfin.

— T'offrir une croisière en voyage de noces. Avais-tu prévu autre chose ?

— Euh... non !

Et c'est ainsi que, le lendemain à seize heures, nous quittons Seattle après avoir volé les nouveaux mariés à la noce.

Chapitre 16

San Francisco

Cinq jours de mer. Notre bulle qui se referme sur un univers liquide. Des dauphins en nombre incalculable, apparemment en raison d'El Niño. Du poisson à profusion au bout de la ligne. Du vent fort au début, faible ensuite, et qui trouve rapidement une agréable stabilité. La mariée qui, ayant vaincu le mal de mer, fait le clown pour les enfants. Les quarts de nuit, solitaires à l'extrême. Une traversée sans histoire, comme on les aime.

Et puis enfin, au-dessus de nos têtes, le Golden Gate Bridge. La bulle éclate. Tous réunis sur le pont du *Mouton Noir*, chats inclus, nous nous déchaînons. Les fins de traversée sont toujours des événements joyeux. S'y mêlent un certain soulagement, le bonheur de reprendre contact avec la terre et le sentiment d'avoir accompli quelque chose. Une vingtaine d'années plus tôt, je m'étais promis, lors d'un voyage à San Francisco, de passer un jour à la voile sous son magnifique pont. Nous y sommes et je me sens plus légère, je peux rayer un article sur ma liste de projets.

La baie de San Francisco est immense et comporte plusieurs mouillages, plusieurs marinas. Nous choisissons de la traverser et d'aller nous ancrer à Sausalito. Le quartier est réputé pour sa qualité de vie, sa communauté artistique, son architecture moderne. De là, nous pourrons prendre le bus pour nous rendre au centre-ville, dans le quartier chinois et ailleurs. Pas question de faire la navette en bateau. Nous serions confrontés chaque fois au problème de l'ancrage et de l'atterrissage en dinghy. Et puis nous aimons nous mêler à la foule des travailleurs, le matin. Nous laisser conduire en regardant défiler les rues. N'avoir la responsabilité de rien.

Le bateau est à la fois objet de liberté et de captivité. Ce qu'il nous donne d'un côté, il le reprend de l'autre. On ne s'en éloigne jamais sans quelque inquiétude. Que l'ancre chasse et on risque l'échouage avec toutes ses complications. Il y a aussi le vol, dont les pays pauvres sont loin d'avoir le monopole. À Friday Harbor, dans les îles San Juan, nous nous sommes fait prendre un dinghy détaché par inadvertance. Des témoins ont vu un homme l'attacher à son luxueux bateau à moteur et l'emporter. Pourtant, le nom du *Mouton Noir* y était peint en grosses lettres et notre voilier ne se trouvait qu'à quelques mètres. Ces témoins n'ont pas imaginé un seul instant qu'un vol se produisait sous leurs yeux. Ils sont retournés à leur affaires en pensant que le propriétaire de ce bateau, dont ils n'ont même pas pris la peine de remarquer le nom, avait fait quelque arrangement avec nous.

Malgré tous nos efforts, nous n'avons jamais récupéré notre dinghy, un canot pneumatique de première qualité. La perte — près de trois mille dollars — n'était pas non plus couverte par nos assurances. Opter pour une franchise très élevée est le seul moyen, pour nous, d'assurer le bateau. Cela réduit sensiblement la facture. Naviguer au long cours comporte des risques et les compagnies d'assurances le font payer cher à leurs clients. De plus en plus cher, d'ailleurs, au fur et à mesure qu'ils s'éloignent de leur port d'attache. Certains navigateurs sont forcés un jour de renoncer aux assurances et de croiser les doigts. Sur le *Mouton Noir*, nous n'avons pas encore pu nous y résigner. Perdre notre bateau serait perdre tout ce que nous possédons. Nous sommes prêts à bien des sacrifices pour le protéger.

À Sausalito, nous ne craignons rien. L'ancre tient bien et le vol, à notre connaissance, est inexistant. Il faut dire que plusieurs voiliers en route vers le Mexique y font escale, et que le système de *Buddy Watching*, la surveillance des bateaux amis, y est répandu. En partant le matin, on prévient un voisin qui, lui, ne prévoit pas sortir, et on peut s'en aller sans inquiétude.

Les manuels scolaires ne sont pas encore arrivés, aussi en profitons-nous pour explorer à satiété. Fisherman's Wharf, avec ses milliers de visiteurs quotidiens venus du monde entier. Ses cafés où l'on sert la soupe de poisson dans un pain au levain (*sourdough*) en guise de bol. Ses marchands de fleurs, de fruits et de légumes. Le quartier chinois, vaste parenthèse orientale au coeur d'une Amérique en mouvement. Les musées et les galeries : pas toujours facile avec des enfants qui ont bien davantage envie de courir les spectacles de rue et les sculptures vivantes posées provisoirement au hasard des carrefours.

Par exemple cette femme mauve, luisante comme du métal poli. Elle est assise sur un haut tabouret, à une intersection passante. Nous restons près d'une heure à l'observer : elle ne bouge pas d'un millimètre. À tel point que l'on est tenté de la croire en pierre. On admire le drapé de la robe qui retombe en plis souples sur les pieds nus. Les paupières fermées que rien ne distrait. On cherche au niveau de la poitrine un mouvement de respiration et l'on ne voit qu'un corsage immobile. Rien non plus dans le cou, pas le moindre petit battement dans les veines. À dix-sept heures, elle se lève, empoche les sous déposés par ses admirateurs dans un chapeau... mauve. Puis elle empoigne son tabouret et rentre chez elle.

Les mimes émerveillent aussi. L'un d'eux se penche vers nous dans un mouvement d'automate. Ses gestes saccadés rappellent ceux d'une poupée mécanique. Son fard blanc transforme son visage en masque impassible. Soudain, il se casse en deux. Son torse bascule vers l'avant, marionnette aux fils cassés. Puis, comme remonté par une clé invisible, il se redresse centimètre par centimètre. Le bras monte lentement, gagne le chapeau melon qui se soulève et... atterrit devant les spectateurs.

San Francisco est aussi une ville de parcs. Comme à Vancouver, on y a préservé de grands espaces boisés pour le plaisir de tous. Puisque les livres tardent à arriver, nous sortons nos patins à roulettes et partons à l'assaut du plus grand de tous, le parc du Golden Gate où loge le musée d'art moderne. Le lendemain, un escalier d'une centaine de marches nous conduit au plus petit, qui nous contient à peine tous les six! De là-haut, la vue sur la baie de San Francisco et sur l'île d'Alcatraz est saisissante. Nous y sommes allés la semaine précédente. En traversier. C'est le seul moyen d'accéder à cette forteresse naturelle. La rive escarpée, sans ouverture aucune, la profondeur de l'eau et les forts courants empêchent d'y ancrer. À la nage? On crèverait en quelques minutes, paraît-il. L'eau, supposément, est glaciale. Nous n'avons pas essayé.

Parcourir les corridors de la prison d'Alcatraz donne froid dans le dos. Les abus commis ici constituent un chapitre peu édifiant de l'histoire américaine. Ils ont d'ailleurs conduit à la fermeture de l'institution il y a une trentaine d'années, suite à un procès retentissant. Au club vidéo, nous louons tout ce qui s'est tourné sur le sujet, dont le saisissant *Meurtre à Alcatraz* qui raconte ce procès. Les enfants, que la vue des barreaux et des cellules a profondément marqués, ne le regarderont pas. Nous reprendrons la leçon dans quelques années, quand ils seront capables de la comprendre dans toute sa complexité.

Deux semaines se sont écoulées depuis notre arrivée à San Francisco, et les manuels scolaires ne sont pas encore arrivés. Nous n'avons pas non plus rencontré Ed, l'ami de Bill chez qui ils ont été expédiés. Le jour de cette rencontre s'organise enfin et nous nous rendons dans le quartier universitaire où Ed pratique le métier d'architecte. Il y a restauré quelques magnifiques maisons anciennes, à commencer par la sienne. Des murs de hauteur interminable, des demi-étages, des vues à couper le souffle sur la baie de San Francisco : l'espace est magique. Presque désert. Tout est dans la distribution des volumes. Les rares pièces qui décorent les immenses murs blancs de la salle de séjour sont exceptionnelles. Un masque dogon, par exemple, étroite figure en bois d'une culture menacée.

La danseuse Isadora Duncan fréquentait cette maison au siècle dernier. Elle a dansé dans cette salle. Audacieuse, marginale jusqu'au bout, elle a fini ses jours dans une décapotable sport. La longue écharpe de soie qui lui enserrait le cou s'est enroulée autour de l'essieu d'une roue. En traversant la pièce pour se rendre dans la salle à dîner, on ne peut s'empêcher d'être ému, et de revoir en pensée le film qui raconte sa vie.

San Francisco n'est pas une ville ordinaire. C'est une ville profondément marquée par l'histoire et par les gens. En contemplant la baie, on imagine Jack London jeune, en train d'y piller des parcs d'huîtres avant de devenir l'écrivain que l'on connaît. On repense aussi à l'autre grand écrivain, Robert Louis Stevenson, et à sa femme Fanny, qui ont appareillé pour les Marquises, les Tuamotu, Tahiti, sur la goélette *Casco*. Le même trajet que suivra vingt ans plus tard Jack London à bord du *Snark* et qu'entreprendra l'équipage du *Mouton Noir* à partir de l'Amérique Centrale.

En parcourant les rues de San Francisco, on se laisse transporter en 1897. Un vent de folie souffle sur la ville. C'est la ruée vers l'or du Klondike. En quelques mois, cent mille personnes viennent s'embarquer en direction de Juneau, en Alaska, d'où elles franchiront à pied le col du Chilcoot et gagneront Dawson City. L'indomptable Jack London est du nombre. Il prépare les deux mille kilos de matériel et vivres sans lesquels le Canada ne laisse entrer aucun prospecteur. Sans le savoir, il prépare aussi sa prolifique carrière d'écrivain. Cette expédition lui inspirera les immortels *L'Appel de la forêt*, *Croc-Blanc* et combien d'autres récits.

Puis on regarde le soleil barbouiller de rouge le ciel de fin d'après-midi, et on se dit que l'horizon devait ressembler à ça, le 18 avril 1906. Ce jour-là, les incendies qui ont suivi le tremblement de terre ont détruit presque toute la ville.

Fatigués du bruit et du rythme essoufflant des grandes rues, nous restons parfois plusieurs jours d'affilée à Sausalito. Les horloges y tournent moins vite. On s'y déplace à pied ou en dinghy. Les entreprises riveraines ont presque toutes un quai pour leurs clients. Il y a aussi des marinas où l'on habite en permanence sur son bateau. À l'entrée, des boîtes aux lettres peintes à la main illustrent les rêves et les frayeurs des résidents. Sirènes et étoiles de mer y côtoient vagues déferlantes et monstres marins. Art empreint de naïveté, qui égaye des installations parfois vétustes et plaît à l'oeil du passant.

Plus loin se trouvent des maisons sur pilotis pour ceux qui hésitent encore entre la terre et la mer. Plus près, nos voisins voyageurs. Après bientôt un mois, nous les connaissons presque tous. Trois d'entre eux ont des enfants qui sont devenus les amis de Gabrielle et Arnaud. De temps en temps, Arnaud fait de la voile avec Ian, qui possède un petit dériveur en bois. Souvent, Gabrielle et son frère vont au centre culturel de Sausalito avec Krishanthi et Shawn. Ils ont quatorze et quinze ans, elle est Française et lui, Canadien anglais. Les différences d'âge s'estompent devant les passions. Krishanthi partage avec Gabrielle un amour immodéré pour les animaux. Shawn et Arnaud sont tous les deux de fervents pêcheurs.

Avant de quitter San Francisco, nous organisons un voyage au parc Yosemite avec les parents de Krishanthi. Les nuits sous la tente, les falaises de granite, roses au soleil couchant, les séquoias géants, les feux de camp le soir : tout, dans cette expédition, est fait pour nous plaire.

Et c'est sur cette dernière aventure que se terminera notre séjour. Cinq semaines, et les livres de classe ne sont pas arrivés. Nous ne pouvons plus les attendre. Ed les fera suivre à San Diego...

Chapitre 17

Noël en mer

Entre San Francisco et San Diego, des étapes d'un ou deux jours de mer. Mille kilomètres, ce n'est rien en auto. En voilier, c'est déjà une bonne distance. Nous pourrions nous y mettre et la couvrir en six jours et nuits. Mais comment passer devant Monterey sans s'y arrêter ? Sans parcourir la rue de la Sardine et marcher sur les trottoirs de John Steinbeck...

Comment ne pas être tenté d'aller visiter l'aquarium, aménagé avec tant d'art, et la fameuse *Casa Bonifacio* ? C'est là où, au cours de l'hiver 1879, se sont enfin retrouvés la tumultueuse Fanny Vandegrift et Robert Louis Stevenson, futur auteur du célébrissime roman *L'Île au trésor*. Elle avait onze ans de plus que lui, elle était mariée et mère de trois enfants. Il était malade à en crever, fauché comme un champ de blé en automne. Un amour impossible qui éclatera pourtant au grand jour, au mépris de toutes les conventions, et durera jusqu'à la mort.

À San Simeon, comment rester indifférent au château de William Randolph Hearst, célèbre magnat de la presse américaine? L'immense salle à manger, la salle de bal, la salle de cinéma, les chambres de cet édifice aux dimensions absurdes, construit avec des pierres importées d'Europe, ont vu défiler au fil des ans les immortels Charlie Chaplin, Humphrey Bogart et bien d'autres.

Comment éviter Catalina Island qui donne déjà une idée si juste de ce que seront les paysages de Baja California, au Mexique?

Nous progressons sans hâte, naviguant enfin au chaud avec les poissons volants. Rentrés à Seattle lorsque nous étions à San Francisco, Renée et Bill sont venus compléter le trajet jusqu'à San Diego. Bill en est originaire et Renée se spécialise dans le monde de Disney. Ils seront des guides impayables.

Le zoo, Sea World, Disneyland : nous sommes bientôt plongés dans l'Amérique des superproductions. Ce n'est pas notre univers. Trop de monde, trop de bruit, trop de clinquant. L'antithèse du dépouillement. Mais nous serions bien cruels de l'escamoter avec des enfants de dix et onze ans. Et puis une échelle de valeurs se bâtit sur du connu. Nous leur présentons les options. À eux, plus tard, de les classer selon leur mérite.

À Disney, ce qui nous enchante le plus, Robert et moi, c'est Renée. Américaine jusqu'au bout des ongles, elle connaît chaque centimètre carré du monstrueux complexe. Elle en a fait des dizaines de fois le tour pendant ses années d'études, alors qu'elle venait garder ses jeunes cousins de San Diego l'été. On se demande toutefois ce qui vient avant : la poule, ou l'oeuf ? Venait-elle à Disney à cause de ses cousins, ou est-elle venue garder ses cousins à cause de Disney ? Car à bien l'écouter, on se rend compte qu'il y a eu des visites pré-cousins, et des visites post-cousins.

Renée, c'est tout un phénomène. Le journal de Valdez en Alaska, où elle réside avec Bill, a publié une entrevue faite avec elle.

— Que rêviez-vous de devenir quand vous étiez petite? lui a-t-on demandé.

— Retraitée!

Gymnaste et kayakeuse, Renée détient aussi une licence de pilote. La plus grande de ses passions : les enfants, avec lequels elle partage une énergie sans bornes. Les longues attentes devant les parcours de Disney passent à la vitesse de l'éclair en sa compagnie. Renée anime. C'est un clown né. Il ne se passe pas une minute sans qu'elle pense à une blague pour faire rire Gabrielle et Arnaud.

Leur départ, le 5 novembre, laisse un grand vide à bord du *Mouton Noir*. Gabrielle retrouve tout de même sa cabine avec plaisir et, à nouveau, elle s'y enferme avec son chat Boule-de-Gomme pour lire et dessiner. Pour étudier, aussi. Car les manuels scolaires sont finalement arrivés. Dans un grand carton rempli à craquer. Démêler tout ça, déjà, quel casse-tête! Y plonger quotidiennement : quel boulot!

Notre vie, à partir de ce moment, change du tout au tout. Il faut bosser dur pour reprendre le temps perdu. Le programme du CNED est extrêmement exigeant. Trop, estimerons-nous au terme de l'année scolaire, pour des gens en voyage. Épuisés par le travail obligatoire, nos élèves ne veulent plus entendre parler d'histoire lorsque nous voulons les intéresser à celle de la Californie et du Mexique. Ce n'est pas ce que nous avions souhaité. Nous voulions prendre le voyage comme point de départ à l'enseigne-ment de l'histoire et des sciences. Utiliser les expériences vécues pour de la rédaction. Aborder la géographie à partir des côtes. La formule du CNED est trop rigide, nous en trouverons une autre l'an prochain.

En attendant, je m'esquive pendant trois semaines pour aller travailler à Vancouver, Montréal et Halifax, tandis que Robert prend la relève auprès de nos deux écoliers. À mon retour, nous préparons la descente vers Cabo San Lucas, à la pointe sud de Baja California. Le 19 décembre, nous appa-reillons en compagnie du catamaran *Aïto*, avec l'intention de naviguer sans escale jusqu'à Cabo, et d'y passer Noël. Un périple de cinq ou six jours.

Comme toujours, nous partons avec une couverture météo favorable. Mais le temps se gâte de façon tout à fait imprévisible le soir du troisième jour, et c'est la tempête. En moins de quelques heures, le vent monte de quinze à cinquante noeuds. Il faut réduire la voilure au minimum. Verrouiller écoutilles et descente[1]. Enfermer les chats et voir à la sécurité des enfants. Gabrielle et Arnaud préfèrent rester à l'intérieur avec leurs minets. Tant mieux. Dehors, ils seraient mis à plus dure épreuve. Nous les laissons regarder film sur film. N'importe quoi pour les distraire. Car on aurait beau leur dire qu'il n'y a rien à craindre, ils ne pourraient s'empêcher d'avoir peur.

Pendant un bon moment, nous avançons dans le couloir compris entre l'île Cedros et la terre, à l'abri des vagues. À la sortie, cependant, elles frappent le bateau de côté. Avec une force telle qu'une soudure craque dans le puits de dérive, et que le *Mouton Noir* fait eau. Nous ne

---

[1] Ouverture et escalier menant à la cale.

savons pas encore ce qui se passe, nous ne le découvrirons que beaucoup plus tard. Pour l'instant, nous vidons la cale avec la pompe d'urgence et nous angoissons. Un bateau en métal n'est pas censé prendre l'eau. Il n'en rentre pas des tonnes, mais tout de même. Assez pour s'inquiéter sérieusement.

Nuit d'enfer. Au vent violent, à la mer déchaînée, à la voie d'eau, s'ajoutent bientôt les averses. Les rares lumières de la rive disparaissent complètement dans la pluie et nous n'avons plus aucun point de référence dans cette immensité d'un noir absolu.

À bord d'*Aïto*, qui nous précède d'une dizaine de milles, les choses ne vont guère mieux. Un grain s'abat sur le catamaran juste au moment où il s'engage dans l'entrée de Bahia Tortuga, seul refuge possible dans cette partie de la côte. Les phares qui en marquent l'entrée s'effacent brusquement dans des trombes d'eau. Nos amis ne comptent plus maintenant que sur le radar pour se diriger.

Nuit d'enfer.

Il est deux heures et demie du matin lorsque nous jetons enfin l'ancre dans Bahia

Tortuga. Du vent de vingt-cinq noeuds dans un mouillage protégé, c'est beaucoup. Mais ce n'est rien, comparé aux cinquante noeuds qui soufflent encore à l'extérieur. Incapables de dormir tant l'adrénaline pompe, Robert et moi nous installons dans le cockpit avec un grand rhum-jus d'orange.

Nous n'avions pas connu pareil coup de vent depuis la traversée New York — les Bermudes, quatorze ans plus tôt. La sensation n'est pas différente d'alors. Que nous sommes petits, face à la nature! Que sont banales les rivalités entre collègues, et insignifiants les succès dont nous nous glorifions, les échecs qui nous mortifient. Quand la vie est menacée, l'essentiel refait vite surface. Et vraiment, il tient à bien peu de chose, hormis l'amour et l'amitié.

Les cartes météo du lendemain indiquent qu'une autre dépression est en route vers le sud et celle-là, vu son ampleur, pourrait nous retenir longtemps à Tortuga. Perspective peu réjouissante. Le village n'a rien d'attrayant, on ne s'imagine pas y passer les fêtes. Nous décidons donc de fuir pendant qu'il en est encore temps, et de passer Noël en mer.

Le petit faux sapin qui nous suit depuis les Seychelles est installé avec les cadeaux lorsque nous réveillons les enfants, en ce minuit 24 décembre 1997. La musique enregistrée par Robert et Lulu pour égayer nos Noëls africains joue à plein volume. Des crevettes achetées à la dernière minute à un pêcheur de Tortuga remplacent la dinde, mais les sandwiches roulés, en triangles, en carrés, ne font pas défaut. J'ai même poussé la fantaisie jusqu'à confectionner une bûche, dans la plus pure tradition. Il ne manque que parents et amis et encore ils sont là, représentés par des lettres et des colis expédiés à San Diego.

Un des Noëls les plus marquants de notre vie. Certainement le plus exotique, avec celui du Kivu, au Zaïre, où le père Noël était arrivé en pirogue. De loin, en tout cas, le plus intime. La flamme de la bougie éclaire doucement les aménagements en acajou du *Mouton Noir*. Nous réunit tous les quatre dans un emballage roux, des milliers de fois plus beau que celui des présents. Les enfants ne connaissent pas leur chance. Ils ignorent que ce qu'il y a de plus précieux ici ne réside pas dans les paquets enrubannés, mais dans ce qui les entoure. Un jour, ils le sauront et peut-être qu'à partir de ce jour, ce sera Noël à longueur d'année.

Table des matières

Note de l'auteure 7

1. Une vie, comme un roman 11

2. En route vers l'Alaska 23

3. Le requin de Squirrel Cove 29

4. La dernière campagne 37

5. Kazu Mazu 45

6. Ketchikan 53

7. Le vieux facteur 59

8. Au pays des Vikings 65

9. Voyage au pays des glaces 71

10. Hoonah 77

11. Sitka 85

12. L'île des renards 95

13. La route à l'envers 101

14. Les San Juan 111

15. L'imprévu au menu 121

16. San Francisco 131

17. Noël en mer 143

La collection Grande Nature – Histoires vécues

LIBRE!
Claude Arbour

Debout derrière ses chiens de traîneau sur une route de neige ou en canot sur un lac paisible au crépuscule, Claude Arbour parle de son quotidien dans la grande forêt laurentienne où il vit isolé depuis des années.

SUR LA PISTE!
Claude Arbour

Claude Arbour poursuit ici le remarquable récit de sa vie dans les bois, à l'écart de la civilisation moderne. Comme dans *Libre!*, il nous entraîne avec lui à la découverte de la vie qui bat tout près : castors, loups, huarts à collier, balbuzards...

BEN
Benjamin Simard

L'histoire vraie d'un coureur des bois d'aujourd'hui, un peu poète, parfois rebelle, qui vit au contact des orignaux, des ours et des loups dans le parc des Laurentides.

EXPÉDITION CARIBOU
Benjamin Simard

L'histoire vraie d'un coureur des bois d'aujourd'hui, d'un homme d'action qui vit avec les caribous dans l'impitoyable froid du Grand Nord.

Revoici l'auteur de *Ben*, poète à ses heures, qui raconte ses aventures : les tournées harassantes en avion, les dangereuses expéditions de capture, la magie de la toundra.

PIEN
Michel Noël

Fils d'une Blanche déracinée et d'un Métis tiraillé entre le progrès et les traditions de ses ancêtres, Pien observe, sent, vibre. Son monde, un coin du Nord ouvert au déboisement farouche des années 50, est hostile. Mais c'est un univers qui forge des coeurs passionnés.

PRIX LITTÉRAIRE DU GOUVERNEUR GÉNÉRAL DU CANADA

DOMPTER L'ENFANT SAUVAGE - tome 1
NIPISHISH
Michel Noël

Le missionnaire de la réserve a bien averti les Algonquins. «Mes chers amis, le gouvernement du Canada vous offre un grand cadeau: il va envoyer vos enfants à l'école! Enfin, ils apprendront à lire, à écrire et à bien se comporter en société. Ne vous inquiétez de rien, nous viendrons les chercher à la fin de l'été pour les mener au pensionnat.»

«Quoi? riposte Shipu, le père du jeune Nipishish. Les Blancs veulent nous arracher nos enfants? Jamais!»

DOMPTER L'ENFANT SAUVAGE - tome 2
LE PENSIONNAT
Michel Noël

Nipishish et ses camarades ont été transplantés contre leur gré dans un pensionnat indien. En effet, le ministère des Affaires indiennes, de concert avec le clergé catholique, a décidé de civiliser et d'instruire les «Sauvages». Mais, pour le privilège d'apprendre à lire et à compter, les jeunes autochtones paieront un prix terrible: vêtements confisqués, langue maternelle bannie, traditions ridiculisées, ils se verront dépouiller de leur identité.

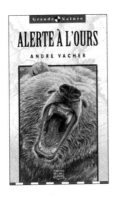

ALERTE À L'OURS
André Vacher

Les habitants d'un petit village des Rocheuses canadiennes ne dorment plus. Ils sont terrorisés. Des ours attaquent, blessent et tuent les gens dans la forêt avoisinante. On organise des battues mais en vain. La tension monte dans la petite localité. Il faut faire cesser le carnage.

ENTRE CHIENS ET LOUPS
André Vacher

Cet ouvrage réunit six histoires authentiques et pourtant à peine croyables tant les animaux du Grand Nord défient le sens commun par leur ruse et leur habileté. L'auteur les a recueillies en majorité au Yukon et dans les immenses Territoires du Nord-Ouest, souvent de la bouche même de ceux qui les ont vécues.

SALUT DOC, MA VACHE A MAL AUX PATTES! - tome 1
SANS BLAGUES
Jean-Pierre Dubé

Jean-Pierre Dubé vient d'obtenir son premier contrat à la clinique de Mont-Joli, en Gaspésie, et découvre son métier.

Tout est nouveau pour lui : la région, le milieu des producteurs agricoles et, bien sûr, «la pratique» elle-même où son inexpérience lui vaudra de multiples mésaventures racontées avec beaucoup d'humour.

SALUT DOC, MA VACHE A MAL AUX PATTES! - tome 2
S.O.S

Jean-Pierre Dubé

Au terme d'une première année de pratique vétérinaire en Gaspésie, Jean-Pierre Dubé s'installe en Montérégie.

Fort de sa jeune expérience, il n'est pourtant pas au bout de ses peines; chaque producteur agricole rencontré, chaque appel d'urgence, lui réservera de nouvelles surprises, pas toujours agréables...

LE VIEIL INUK - tome 1
LE LOUP BLANC
André Vacher

Le vieil Inuk s'appelle Amaamak. Comme ses ancêtres depuis 4000 ans, Amaamak a connu toutes les cruautés d'une nature implacable.

Son petit-fils Kingalik, lui, ne jure que par la motoneige, la nourriture des blancs et le confort des maisons du Sud.

L'auteur, André Vacher, part en traîneau dans les glaces avec les deux Inuit. Il vivra une aventure extraordinaire

LE VIEIL INUK - tome 2
LA STATUETTE MAGIQUE
André Vacher

Amaamak, le vieil Inuk, veut se concilier l'esprit du grand loup blanc. Il veut échapper au destin qui l'attend. Voilà pourquoi, durant une longue tempête, il a sculpté une statuette magique dans la pierre. La suite d'un récit authentique, essentiel, qui se grave dans la mémoire comme un immense chant à la Vie.

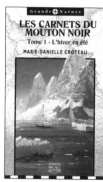

LES CARNETS DU MOUTON NOIR - tome 1 L'HIVER EN ÉTÉ
Marie-Danielle Croteau

Imaginez de VIVRE sur un bateau. De passer Noël sur un bateau, d'aller à l'école sur un bateau. Depuis leur plus tendre enfance, Gabrielle et Arnaud parcourent le monde avec leurs parents à bord du *Mouton Noir*. Voici l'histoire de cette famille peu ordinaire, qui a troqué une existence «normale» pour la grande aventure de la vie en mer.

LES CARNETS DU MOUTON NOIR - tome 2 L'ÉTÉ EN HIVER
Marie-Danielle Croteau

Voilà la suite d'un récit de vie en mer riche et authentique, mais surtout une chronique qui respire la ténacité devant les embûches, l'ouverture sur les autres et la confiance en la Vie.